자발적
복종

Étienne de La Boétie

Discours de la servitude volontaire

개정판

자발적 복종

에티엔 드 라 보에시 지음

박설호 엮고 옮김

울력

Discours de la servitude volontaire
by Étienne de La Boétie
Copyright ⓒ 박설호 2004, 2015

자발적 복종

지은이 | 에티엔 드 라 보에시
엮고 옮긴이 | 박설호
펴낸이 | 강동호
펴낸곳 | 도서출판 울력
1판 1쇄 | 2004년 10월 15일
2판 1쇄 | 2015년 3월 5일
2판 2쇄 | 2016년 6월 15일
등록번호 | 제10-1949호(2000. 4. 10)
주소 | 152-889 서울시 구로구 고척로4길 15-67(오류동)
전화 | (02) 2614-4054
FAX | (02) 2614-4055
E-mail | ulyuck@hanmail.net
값 | 9,000원
ISBN | 979-11-85136-15-8 03160

이 도서의 국립중앙도서관 출판예정도서목록(CIP)은
서지정보유통지원시스템 홈페이지(http://seoji.nl.go.kr)와
국가자료공동목록시스템(http://www.nl.go.kr/kolisnet)에서 이용하실 수 있습니다.
(CIP제어번호: CIP2015004030)」

라 보에시의 『자발적 복종』 제2판을 간행하며

친애하는 J, 『자발적 복종』의 원고를 다시 꺼내 읽습니다. 저자가 16세기 유럽에서 살았다는 사실을 염두에 둔다면, 혹자는 이 책이 21세기 한국에서 살아가는 우리와 직결되지 않는다고 속단할지 모릅니다. 그러나 이는 사실과 다릅니다. 라 보에시의 『자발적 복종』은 유럽의 역사에서 수없이 인용되었으며, 마르크스주의 운동과 아나키즘 운동의 역사의 획을 긋는 문헌입니다. 수세기 동안에 동서고금을 막론하고 사람들은 자유와 평등을 주창해 왔는데, 라 보에시의 글은 유럽 민주주의의 발전에 오랫동안 크고 작은 영향을 끼쳤으며, 19세기 이후의 여러 가지 진보적 운동의 지침서로 사용되었습니다. 역자는 우리 앞에 계층 사회가 존속하고, 사람 위에 사람 있고 사람 아래에 사람이 존재하는 한, 『자발적 복종』이 여전히 유효할 것이라고 확신합니다. 흔히 사람들은 민주주의의 발전으로 인하여 인간 사이의 불평등이 많이 해소되었다고 생각합니다. 그러나 오늘날 돈이 모든 세력을 장악하여 인간 사이의 불평등은 여전히 사라지지 않고 있습니다. 사회구조 상의 불평등은 현저하게 사라졌지만, 금력으로 인한 인간과 인간 사이의 불평등은 여전히 온존하고 있습니다. 그러한 상황에서 『자발적 복종』은 자유의 문제뿐 아니라, 인간의 평등의 문제 또한 포괄하는 귀한 문헌임에 틀림없습니다.

여러 번에 걸쳐 철학자 에른스트 블로흐는 다음과 같이 말했습니다. 타인의 마음에 들기 위해서 행동하는 것은 두 발로 의연하게 걷는 인간이 행하는 방식일 수는 없다고 말입니다. 그러나 블로흐의 주장은 인간 삶의 모든 영역에 적용될 수는 없습니다. 왜냐하면, 이를테면 사랑을 갈구하는 사람은 사랑을 위하여 임의 마음에 들도록 행동하곤 하기 때문입니다. 그런데 이 경우 사회적 문제를 중시하게 되면, 이야기는 달라집니다. 가령 머슴으로 태어난 자는 처음부터 무의식적으로 주인에게 자발적으로 복종합니다. 이를 고려할 때, 자발적 복종은 개별적 사랑의 삶의 경우를 도외시한다면 계층 차이가 존재하는 사회 내에서 발생하는 모든 억압과 굴종을 포괄하는 심리 상태라고 표현할 수 있을 것입니다.

친애하는 J, 제2판을 간행하면서 한 가지 양해의 말씀을 드립니다. 역자는 무림사의 번역판에서 저자의 이름을 "보에시"로, 울력의 제1판에서 "라 보에티"라고 명명하였습니다. 여기서는 라틴어가 공용어로 사용되던 시기가 중시되고 있습니다. 그러나 저자가 프랑스 사람이라는 것을 감안하여 "라 보에시"라고 표기하는 것이 온당하다고 여겨집니다. 앞으로도 나의 번역서에서 표기상의 실수 외에도 오역이 발견되면, 지체하지 않고 수정하도록 하겠습니다. 왜냐하면 역자는 역서에 가려져야 하기 때문입니다. 신비로운 작가 B. 트라벤(B. Traven)은 다음과 같이 일갈했습니다. 빵을 사서 먹을 때 우리가 제빵사의 이름을 기억하는가? 울력의 강동호 사장님에게 감사의 말을 전하면서 ….

부마항쟁과 라 보에시

"자네 번역은 엉터리야." 윤노빈 선생님은 1981년 초 부산에서 출국을 앞둔 제자에게 그렇게 일갈하였다. 이는 1980년 5월에 간행된 나의 번역서, 『보에시, 노예근성에 대하여』에 관한 말이었다. 나는 오랫동안 그 소책자를 거의 잊고 살았다. 1989년 여름, 마치 오디세우스처럼 10년간의 방랑을 끝내고 귀국하여 낙향하였다. 친구들은 옥살이를 마친 뒤 국내외로 뿔뿔이 흩어지고, 까까머리 제자들은 어느새 어른이 되어 있었다. 이때 그 소책자가 무질서한 서가에 그대로 꽂혀 있었다. 마치 오랜 친구처럼 나를 반갑게 맞이해 준 게 그 책이었다. 그러나 반가움은 하나의 순간적 감정에 불과했다. 소책자를 다시 읽었을 때, 거기서 많은 오역들이 발견되었기 때문이다. 윤 선생님의 말씀은 엄연한 사실로 확인되고 있었다. 나의 얼굴은 수치심으로 벌겋게 달아올랐다.

어학 실력이 형편없다는 것을 뻔히 알면서도 "출간"이라는 만용을 저지른 까닭은 무엇 때문이었을까? 회고하건대 나를 파농(Fanon)처럼 격렬하게 행동하게 한 것은 무엇보다도 당시의 정황이었다. 유신 말기의 독재가 지배하는 현실은 나와 같은 젊은이들에게 커다란 고통과 노여움을 안겨 주었던 것이다. 당시에는 거의 모든 사람이 함구하며 살았다. 바른말이 실종된 시대에 우리는 애써 금서만을 접하려고 했다. 오로지 금지된 책들만이 우상에 의해 감추어진 이성을 은밀히 비추어 준다고 믿었다. 어느 날 윤 선생님은 우리에게 복사본 한 권을 빌려 주며, 읽어보라고 권했다. 그것은 라 보에시의 『자발적 복종』의 독어판이었다. 우리는 선생님이 건네준 책자를 하나의 "암시"로 받아들였다. 마치 숄 남매가 뮌헨 대학에서 쿠르트 후버 교수와의 상봉으로 백장미 운동을 일으켰던 것처럼, 나 역시 친구들과 함께 윤 선생님이 빌려준 책을 열심히 해독하였다. 때로는 저자의 놀라운 선견지명에 무릎을 치기도 했다. 어느 날 나는 그것을 출판하기로 결심했다. 이 일이야말로 독재의 끔찍함에 저항할 수 있는 유일한 행동이라고 판단하였다.

　소책자의 표지에는 다음과 같은 글이 실려 있다. "사람들은 어리석기 때문에 항상 독재자를 용서한다. 그러나 나는 어째서 그렇게 용서하는지 이해할 수 없다. 만약 독재자의 잔혹함에 대해 깊이 생각하고, 스스로 만족하는 것보다 더 분명한 의식을 지니고 있었더라면, 사람들은 독재자의 잔악무도한 행위를 충분히 감지할 수 있었을 것이다. 칼리굴라는 어느 여자를 뜨겁게 사랑했고 그녀 없이는 도저히 살아갈 수 없다고 믿었다. 하지만 칼리굴라는 그녀의 너무나 아름다운 상반신을 바라보며 그녀의 비위를 맞추면서도 다음과 같이 말했다고 한다. '내가 명령만 내리면, 이렇게 아름다운 당신의 목도 단칼에 잘려 나갈 것이오.'/이는 또한 어째서 많은 고대의 독재자들이 그들의 간신들에 의해서 살해되었는가에 대한 이유이기도 하다. 이들은 독재정치의 본질을 알았고, 독재의 권력이 남용되는 만큼 독재자의 총애 역시 오래가지 않는다는 사실을 알고 있었다. 도미티아누스는 스테파누스에 의해서, 코모두스는 그의 첩들 가운데 한 사람에 의해서, 카라칼라는 마리누스에 의해서 제각기 살해당했다. 권력의 중심부에서는 이러한 일이 비일비재하게 발생한다. 이는 무엇을 반증해 주는가? 독재자는 누구를 사랑하지도, 누구로부터 사랑 받을 수도 없다."

그래, 독재자는 누구를 사랑할 수도, 사랑 받을 수도 없다. 우리는 70년대 말경에 라 보에시의 책을 간행할 계획을 품고 있었다. 이는 그 자체 커다란 의미를 지니는 게 아닌가? 라 보에시는 유신 말기와 80년대 초의 광주 사태의 숨 막히는 역사적 변화 과정을 그야말로 예언적으로 시사해 주었던 것이다. 어느 날 누군가 서울에 거주하는 묘령의 여대생으로부터 면도날이 들어 있는 백지 편지 한 통을 받았다는 말을 들은 적 있다. 처음에는 수염을 잘 깎지 않는 남쪽 대학생의 외모를 질타하는 것으로 생각했다. 그런데 그게 아니었다. 면도날은 "데모하지 않는 부산의 대학생들이여, 차라리 남근이나 잘라 버려라"는 함의를 지니고 있었던 것이다. 북녀(北女)들의 잔인한 독려 때문이었을까, 얼마 후 남남(南男)들은 부마항쟁을 거세게 일으킨다. 그리하여 18년 동안 장기 집권하던 박정희 대통령은 70년대 말에 암살당한다. 80년대 초에 광주에서는 전두환 군사정권에 의해서 끔찍한 학살극이 발생하였다. 자고로 인류의 역사에서 민주주의가 피 흘리지 않고 이룩된 적은 거의 없었다. 자유에는 항상 피의 냄새가 수반된다. 그 까닭은 자유를 갈구하는 사람의 곁에 항상 이를 방해하는 자들이 도사리고 있기 때문이다. 그들은 바로 권력을 쥐고 있는 자들이 아닌가?

90년대에 나는 다시 라 보에시의 문헌을 잊었다. 직업 정신 때문인지, 아니면 정치적 불안이 가라앉았기 때문인지는 몰라도 나는 소책자에 관해 커다란 관심을 기울이지 않았다. 1996년에 안식년을 맞아 잠깐 유럽으로 향했다. 이때 나는 스트라스부르에 있는 어느 고서점에서 라 보에시의 프랑스어판을 발견했다. 아니, 내가 그 책을 발견한 게 아니라, 그 책이 나를 뚫어지게 쳐다보았다고 표현해야 타당할 것이다. 그 책은 멀리 동양에서 온 이방인을 오랫동안 기다린 것 같은 생각이 들었다. 묘한 감정에 사로잡혔다. 그래, 언젠가는 기필코 라 보에시의 문헌을 다시 간행하리라. 그렇지만 여러 가지 이유로 인하여 이 작업은 진척되지 않고 있었다. (…) 2003년 가을 어느 날 전남대학교의 윤수종 선생님은 나에게 전화를 걸어, 라 보에시의 문헌과 번역본에 관해 문의하였다. 엉터리 번역서가 다시 거론되는 데에 쑥스러움을 다시 한 번 느꼈다. 그리하여 번역 작업이 본격적으로 이루어졌다.

라 보에시의「자발적 복종」은 21세기 초의 시점에 과연 어떠한 의미를 지니고 있을까? 이러한 질문에 대한 답변은 오로지 독자의 몫이리라. 그럼에도 한 가지 사항을 첨가해 보기로 하자. 오늘날 독재를 겪어 보지 못한 수많은 젊은이들은 억압과

폭정에 관한 역사를 케케묵은 것으로 간주하곤 한다. 그러나
이는 잘못된 견해이다. 무릇 민주주의는 마치 어떤 선한 싹과
마찬가지로 매우 유약한 무엇이다. 그것은 라 보에시의 비유를
도입하자면 세밀하게 보살피지 않을 경우, 금방 시들어 버린다.
가령 유럽 민주주의 국가들이 테러리즘에 의해 오랫동안 위협
당하는 것을 성찰해 보라. 나아가 전쟁과 권력 사이의 상관관
계는 끊임없이 신문 기사로 실리고 있지 않는가? 한마디로 인
간은 얼마든지 어떤 단체 혹은 어떤 이데올로기에 의해 남용될
수 있다. 그렇기에 우리는 인간이 자발적으로 권력이나 단체에
복종하려는 성향에 대해 항상 경고하지 않으면 안 될 것이다.
상기한 내용을 고려할 때, 라 보에시의 문헌은 정치학도뿐 아니
라 건전한 현대인 모두에게 영향을 끼치고 있다.

이번 기회를 빌려서 전남대 윤수종 선생님에게 고마움을 전
한다. 아울러 출판을 선뜻 결정해 주신 울력 출판사 강동호 사
장님에게도 감사 드린다. 누가 말했던가, 바람직한 삶이란 어차
피 다른 사람들을 돕는 과정이며, 티 없는 삶이란 자신의 오류
를 수정해 나가는 과정이라고? 역자는 가깝지만 멀리 살고 계
시는 윤 선생님과 김준홍 형에게 새로운 번역서를 바치면서, 한
마디 묻고 싶다. "이래도 엉터리인가요?" 하고. ^^

박 설 호

---

* 이 글은 1판에 실린 옮긴이 서문의 일부를 수정하였다.

차례

보론

일러두기

1. 이 책에서 「자발적 복종」은 Paul Bonnefon: Œuvres complètes d'Estienne de la Boétie, publiées avec notice biographique, variantes, notes(Bordeuax, 1991)을 텍스트로 하여 번역하였고, 다음과 같은 라틴어 판과 독일어 판을 참조하였다. (라틴어 판) Dialogi ab Eusebio Philadelpho cosmopolitica, in Gallorum et caeterarum nationum gratiam compositi, quorum primus ab ipso autore recognitus et auctus: alter vero in lucem nunc primum editus fuit., traduction de F. Hotman, Edimburgi, Ex Typographia Iacobi Iamaei, 1574. (독일어 판) Von der freiwilligen Knechtschaft (hrsg.) Horst Guenter, Frankfurt a. M. 1980. 그리고 보론 부분은 옮긴이가 「자발적 복종」과 관련된 여러 문헌을 선별해 번역한 것이다.

2. 「자발적 복종」에 있는 소제목은 옮긴이가 독자의 편의를 위해 구분해 놓은 것이다.

3. 원서에서 이탤릭체로 표시된 부분은 중고딕체로 표시하였다.

4. 본문의 주는 1판에서와 달리 각주로 편집하였다. 그리고 라 보에시의 글에서 (원주)라고 표시한 것을 제외하고 모두 옮긴이의 주이다.

5. 본문에서 책과 신문, 잡지 등은 『 』로 표시하였고, 논문과 기사는 「 」로, 미술 작품은 〈 〉로 표시하였다. 따라서 라 보에시의 원 글을 언급할 때는 「 」로, 단행본으로 간행된 것을 언급한 경우에는 『 』로 표시하였다. 그리고 본문과 주에서 원어 그대로 표기할 경우, 책과 신문, 잡지 등은 이탤릭체로, 논문과 기사는 " "로 표시하였다.

6. 2판에서는 초판과 달리 국립국어원 표준대사전에 표제어로 등재된 단어는 대부분 붙여쓰기를 하였다.

자발적 복종

1. 인민과 노예근성

"여러 명이 통치하는 것은 좋은 일이 아니다. 한 사람이 군주가 되어야 하고, 왕이 되어야 한다." 이렇게 호메로스(Homer)의 오디세우스는 모여 있는 사람들 앞에서 공언하였다.[1] 만약 "여러 명이 통치하면 바람직하지 않다"고만 말했다면, 그는 가장 이성적인 내용을 표현한 셈이다. 만약 한 사람이 권력을 쥐게 되면, 그는 즉시 완강하고 부당하게 폭력을 휘두른다. 그렇기에 여러 통치자의 지배 역시 나쁜 일일 것이다. 그런데 오디세우스는 이러한 내용을 증명하는 대신에, 논의와는 전혀 반대되는 내용을 덧붙이고 말았다. 즉, "한 사람이 군주가 되어야 하고, 왕이 되어야 한다"고 말이다.

어쩌면 우리는 오디세우스를 용서해야 할지 모른다. 그는 당시에 반란을 일으킨 군대를 진압하기 위해 그러한 말을 하지

---

1. (원주) Homer, *Ilias* II, 203f. (역주) "여기 있는 아카이아인들 모두가 왕이 될 수는 없다/지배자가 많다는 것은 결코 좋은 일이 아니다." 호메로스: 『일리어스』, 천병희 옮김, 단국대 출판부, 2001, 30쪽을 참고하라.

않을 수 없었다. 이를 고려할 때, 오디세우스의 발언은 진실보
다는 순간의 필요에 의해 제기된 것이다. 그러나 진지하게 말하
자면, 결코 자비롭다고 단언할 수 없는 어느 군주에게 무조건
복종하는 것은 끔찍한 불행이다. 왜냐하면 그가 마음만 먹으면
언제든지 잔악하게 되는 것이 군주의 권력의 속성이기 때문이
다.[2] 인민이 많은 군주들을 모신다는 것은 끔찍한 불행을 그만
큼 배가시키는 것을 의미한다. 나는 다른 정치 체제가 군주제보
다 더 나은 것인지 논의하기를 즐기는 편이다.[3] 그럼에도 다른
정치 체제 가운데에서 군주제의 좋고 나쁨을 비판적으로 거론
하기 전에,[4] 군주제가 과연 여러 정치 체제와 함께 보편적인 것
으로 언급될 수 있는 것인지 나는 알고 싶다. 모든 권력이 독재
자의 손아귀에 놓여 있는 군주제에 다른 정치 체제들이 지니는
공통성과 기초가 갖추어져 있다고 믿기는 어렵다. 이러한 문제
는 다른 기회에 논의되어야 할지 모른다. 어쨌든 이 문제는 특
별히 하나의 논문을 요하는 것으로서, 정치적인 논쟁을 마구 부
추길 수 있는 것이다.

　여기서 나는 다만 하나의 문제에만 관심을 기울이려고 한다.
과연 어째서 그렇게 많은 사람들, 그렇게 많은 마을과 도시, 그

---

2. 장 자크 루소, 『사회계약』 III을 비교하라. "가장 훌륭한 왕들은 그들 자신
　만 괜찮다면, 언제나 주인이기를 원할 뿐 아니라, 심술궂게 굴려고 한다
　(Les meilleurs rois veulent pouvoir méchants, s'il leur plait, sans cesser d'être des
　maîtres)."
3. (원주) Herodot, III, 80-84; Polibios, VI, 3.
4. 라 보에시는 공화정(res publica)을 자연법에 해당하는 보편적인 정치 체제로
　말하고 있다.

렇게 많은 국가와 민족들이 독재자의 전제 정치를 참고 견디는 일이 항상 일어나고 있는가 하는 점이다. 독재자는 다른 사람들이 그에게 부여한 것 이상의 권력을 가지고 있지 않다. 인민들이 그를 참고 견디는 만큼, 독재자는 그들에게 동일한 정도의 해악을 저지른다. 따라서 인민들이 모든 해악을 감수하지 않고 무조건 참고 견디는 태도를 옳지 않다고 생각하면, 독재자는 인민들에게 어떠한 해악도 끼치지 못할 것이다.

그렇지만 놀라운 것은 인민들이 마땅히 느껴야 할 고통을 대수롭지 않게 여기는 태도이다. 실제로 인민들은 폭정을 묵묵히 참고 견디는 것을 당연하다고 여기고, 이를 자연스러운 일이라고 생각한다. 이러한 태도는 정말로 기이하지 않은가?[5] 수백만의 사람들은 비참한 노예 상태에서 생활하고 있다. 이는 어떤 막강한 권력에 의해서 강요당한 게 아니다. 오히려 인민들은 결코 두려워할 필요가 없는 권력을 휘두르는 절대자의 명성에 홀리거나 그의 마법에 사로잡힌 것처럼 보인다. 왜냐하면 독재자는 홀몸이며, 자신에게 주어진 고유한 특권에 집착하기 때문이다. 실제로 이러한 신비로운 특성을 도외시하면, 그는 비인간적이고 잔혹하지 않은가?

물론 우리 모두 인간적 약점을 지니고 있다. 그 때문에 때때로 폭력에 굴복해야 할 때도 있다. 이 경우 우리는 다른 사람들보다 강하지 않기 때문에 항상 더 나은 미래를 기다려야 한다. 만약 어떤 인민이 위협적인 무기에 의해 협박당하면서 — 마치

---

5. 라 보에시의 문헌은 맨 처음 『자명종 시계(Reveille-Matin)』라는 프랑스 서적에 발췌되어 있었는데, 바로 이 대목에서부터 시작하고 있다.

아테네의 30명의 폭군들처럼 ─ 어떤 절대자에게 복종하라고 강요받고 있다면, 사람들은 이에 대해 놀라워해야 할 필요는 없으며, 다만 이러한 불행한 사태에 대해 한탄을 터뜨리게 될 것이다. 이보다 더 나은 태도라고 한다면, 그것은 사람들이 독재 상태에 대해 놀라워하지도 않고 탄식하지도 않으면서, 인내심을 지닌 채 더 낫고 행복한 미래를 위해서 살아남는 것이다.

우리가 우정이라는 하나의 공동 의무에 인생의 귀중한 부분을 바치는 것은 인간의 본성에 근거한다. 인간은 미덕을 사랑하고, 훌륭한 행위를 높이 평가하며, 드러난 선을 찬양할 정도로 충분히 분별이 있다. 그리고 참으로 아끼고 존경하는 자들의 명예와 만족을 위해서 우리는 하찮은 개인의 이익을 기꺼이 포기한다. 자, 그러면 군주제의 기원에 관해서 우리의 생각을 개진해 보자. 일단 무서운 재앙을 예방하려고 미리 충분히 살피며, 인민을 보호하려고 아주 용감하고 치밀하게 행동하며 통치해 온 훌륭하고 비범한 인물을 발견했다고 가정해 보자. 만일 그렇다면, 인민은 이러한 인물을 따르고, 신뢰하며, 자신의 높은 지위까지 바쳐 가면서 그를 섬기는 데 익숙하게 된다. 이때 그 비범한 인물은 인민이 누렸던 지위를 박탈하고, 절대적인 권력을 휘두르며, 즉시 죄악을 저지른다. 이는 과연 바람직한 일인가? 그것은 아마도 인민이 너무나 선량하여 선만을 행해 왔기 때문에 장차 죄악이 발생하리라고 의심하지 않았기 때문은 아닐까?

그러나 너 자비로운 신이여, 무엇이 죄악을 창조하는가? 그것은 어떠한 종류의 해악인가? 어떠한 유형의 악덕, 혹은 비참한

타락인가? 우리는 숱한 사람들이 단순히 복종할 뿐 아니라 노
예처럼 복종하는 것을 바라본다. 그들은 강압적으로 통치되는
게 아니라, 자발적으로 억압을 자청하고 있다.[6] 그들은 더 이상
아무것도 획득할 수 없다. 어떠한 소유물도 그들에게 주어지지
않고, 양친, 아내와 자식들, 심지어 생존마저도 주어지지 않는
다. 그들은 강탈, 능욕, 무자비한 짓을 무작정 참고 견딘다. 그
리고 그들의 피와 생명을 빼앗으려고 하는 자는 포악한 병정이
나 야만적 집단이 아니라, 오직 독재자 한 사람이다. 이러한 독
재자는 헤라클레스나 삼손이 아니라, 시합장의 모래판에, 전쟁
의 대포 연기에 익숙하지 않은 겁쟁이이다. 그는 강인한 남자들
에게 감히 명령을 내릴 힘조차 없다. 남자들을 유혹하려는 계집
주위에서 비루하게 얼쩡거리는 연약하기 이를 데 없는 졸장부
이다.

---

6. "자발적 복종"이라는 표현을 처음으로 사용한 사람은 플라톤이었다. 플라
톤은 자신의 문헌 『향연(συμπόσιον)』에서 사랑하는 자가 임에게 봉사하려고
생각하는 것을 "자발적 예속"이라고 표현하였다. 그 후 이탈리아의 시인 아
리오스토(1474-1533)는 「5편의 노래(Cinque canti)」 46번째 "8행 연(Stanze)"
에서 "자발적인 영원한 복종에 관하여(Di voluntaria eterna servitute)"라는 표
현을 사용한 바 있다. 직접적인 표현은 아니지만, 독일의 인문학자 울리히
폰 후텐(Ulrich von Hutten)은 「독재자에 대항하여(In Tyrannos)」라는 논쟁
적인 글을 배포한 바 있는데, 라 보에시는 이 글을 접한 게 분명하다. 나중
에 프리드리히 실러는 이를 자신의 극작품 「강도들(Die Räuber)」에서 직접적
으로 인용하였다. 나중에 프랑스의 역사가, 드 투(De Thou)는 "자발적 복종
(voluntaria servitus)"이라는 용어를 거론하지는 않았다. 대신에 그는 에라스
뮈스의 번역 용어를 사용하였다. 에라스뮈스는 루키아노스(Lukian)가 오래
전에 사용했던 단어 "εθέλοδουλεια"를 "자의적 복종에 관하여(De spontanea
servitute)"라고 옮겨 쓴 바 있다. De Thou: *Historiarum sui temporis*, Bd. 1,
Paris 1609, S. 430.

인민이 이와 같은 억압에 이끌리는 태도는 비겁함이라고 명명되는 것인가? 그렇다면 권력에 아부하는 자들 역시 겁쟁이들이고 졸장부들인가? 만약 두세 명의 사람들이 독재자의 모든 폭력 행위에 대해 저항하지 않는다면, 우리는 이를 기이하게 생각하겠지만, 그래도 현실에서 있을 수 있다고 여길 것이다. 이 경우 사람들은 용기의 결핍으로 인하여 모든 것을 참고 견딘다고 말할 것이다. 그러나 만약 수백 명, 수천 명의 사람들이 유일한 한 사람에 의해서 고통을 당하고 있다면, 우리는 그들이 저항할 수 없는 게 아니라 저항을 원하지 않고 있다고 말할 수밖에 없다. 그것은 비겁함이 아니라 굴욕이고 부끄러움이 아니겠는가?

그런데 수백 명, 수천 명이 아니라, 수백의 지역들, 수천의 도시 그리고 수백만의 사람들이 한 사람의 지배 체제 속에서 노예와 굴종의 상태를 전혀 죄악시하지 않고, 독재자에게 조금도 저항하지 않으며 살아가고 있다. 우리는 이러한 경우를 무엇이라고 명명해야 할 것인가? 이 경우 비겁함이라는 단어는 결코 적당하지 않다.

2. 단 하나로서의 자유

　이제 각각 5만의 군인들이 전쟁터에서 맞서 있는 경우를 상상해 보자. 한쪽은 자신의 자유를 지키고, 다른 한쪽은 상대방의 자유를 강탈하려고 한다. 누구에게 승리할 가망이 있는가? 자신들의 자유를 지키려고 기꺼이 용감하게 싸우는 쪽일까? 혹은 자신들의 적을 노예로 만들기 위하여 타격을 가하고 상처를 입히는 쪽일까? 그들 가운데 누가 즐거이 전쟁터로 나갈까? 노력의 대가로서 자유를 꿈꾸는 쪽일까, 아니면 싸움의 대가로서 자신들이 분배하고 받아들일 전리품 내지 낯선 노예들을 꿈꾸는 쪽일까? 한쪽은 자신들이 이제까지 누려 왔던 눈앞의 행복을 지지하며, 그 행복이 후세를 위해 유지되어야 한다는 희망을 품고 있다. 만일 그들이 패배할 경우에, 전쟁의 고통은 그들의 자식과 손자들이 항상 참고 견뎌야 할 고통에 비해 아주 작은 것이라고 느낀다. 반면에 다른 한쪽의 경우 탐욕만이 군대의 사기를 드높이는 수단이다. 그들은 오로지 전리품의 배당만을 생각할 뿐이다. 이들의 희망은 보잘것없으며, 전쟁터에서 피 한 방울 흘리자마자, 그들은 조만간 사기를 잃게 될 것이다.

밀티아데스(Miltiades), 레오니다스(Leonidas) 그리고 테미스토클레스(Themistokles)를 생각해 보라.[1] 이천 년 전의 일인데도 역사서는 그들을 기록했으며, 우리 역시 그들이 어떻게 죽었는지 마치 엊그제 일처럼 생생하게 기억한다. 마라톤 전투는 온 세계의 표본으로 전해지고 있다. 그리스 군대에는 인원이 모자랐다. 그들에게 중대장을 배치하기도 어려울 정도였다. 그럼에도 바다를 완전히 뒤덮은 페르시아 함선에 대해, 그렇게 많은 페르시아 육군 병력에 대해 저항할 용기와 힘을 준 것은 무엇이었을까? 적은 수의 그리스 군대가 승리한 까닭은 무엇인가?[2] 이러한 불가사의한 결과는 단순히 페르시아에 대한 그리스의 승리가 아니라, 굴종과 비열한 약탈에 대항하는 그리스인들의 자유의 승리 그리고 권력욕으로부터 독립하려는 의지에서 비롯한 것이다.

어떻게 하여 자유는 자유 수호자의 심장에 용기를 가득 불어넣을 수 있었을까? 이를 생각하면 우리는 놀라움을 금치 못한다. 그러나 독재자가 어떻게 모든 곳에서 인민을 착취하고 그들

---

1. 밀티아데스: 고대 그리스의 명장. 마라톤 전투에 참전하여 페르시아 전쟁을 승리로 이끌었다. 레오니다스: 스파르타의 왕으로 페르시아 전쟁에 참전하였다. 전략적으로 시간을 벌기 위하여 끝까지 사투하였다. 테미스토클레스: 고대 그리스의 명장, 해군 장수. 레오니다스의 분전에 힘입어 그리스의 승리를 구가하였다.
2. 흔히 아테네 병사가 42.195킬로미터를 달려 그리스의 승리를 알리고 죽었다고 한다. 이것이 마라톤 경기의 시초가 되었다. 그렇지만 헤로도토스의 기록에 의하면 전쟁 전에 아테네 군인들은 스파르타에게 증원을 요청하기 위하여 훈련된 주자, 페이디피데스를 달리게 했다고 한다. 페이디피데스는 이틀 동안에 240킬로미터를 달렸다고 한다.

의 자유를 약탈하는가를 본다면, 우리는 자신의 눈을 믿을 수 없을 것이다. 만약 그들의 착취를 뚫어지게 통찰하지 못한다면, 우리는 그리스인들의 승리를 반신반의할 것이다. 그렇다, 만약 누군가 멀리 떨어진 곳에 관해 이야기하면, 우리는 이를 항상 거짓과 날조로 이해하고, 진실이라 믿지 않을지 모른다. 그럼에도 그리스의 승리는 진실이다.[3]

그 외에 그리스인들은 전제군주에게 힘으로 대항한 적도 없었고, 전제군주를 죽인 적도 한 번 없었다. 만약 그런 적이 있었다면, 인민들이 노예가 되겠다는 데 동의하지 않았다면, 전제군주는 즉시 굴복하였을 것이다. 인민은 군주로부터 아무것도 얻지 못했으며, 아무것도 줄 필요가 없었다. 만약 자신을 위한다면, 누구라 하더라도 어떤 하찮은 일 그리고 자신에게 손해되는 일을 행할 필요는 없을 것이다. 우리는 무엇보다도 다음의 사실을 알아야 한다. 즉, 폭군에 의해서 학대당하는 자가 인민 자신이라는 사실을 말이다. 폭군에게 허리 굽히는 짓거리를 그만둔다면, 인민은 조만간 압제로부터 자유롭게 될 것이다. 따라서 칼자루를 쥐고 있는 자들은 인민이다. 인민은 군주의 학대를 참으면서 받아들이거나, 이와는 반대로 권력을 지닌 사람에게 싸움을 걸 수 있기 때문이다. 인민은 스스로 노예가 되어 자신의 목을 자르는 사람과 같다. 그들은 자유나 복종 가운데 하나

---

3. 플루타르코스(Plutarch)의 『영웅전』은 티투스 리비우스(T. Livius)의 역사서와 함께 공화주의와 자유에 대한 사상 그리고 이에 대한 실천의 예를 보여준다. 이에 비하면 타키투스(Tacitus)와 수에토니우스(Sueton)는 폭군들의 끔찍한 폭정을 정확하게 기술하고 있다. 라 보에시는 불과 18세에 이미 이러한 책들을 거의 섭렵하고 있었다.

를 선택할 수 있지만, 대부분의 경우 노예의 처지를 택한다. 왜냐하면 인민은 자유를 포기하고 압제에 굴복하기 때문이다. 실제로 그들은 스스로 노예가 되려고 권력자들에게 황급히 달려가지 않는가?

인민 가운데 누군가 자유를 획득하기를 원한다면, 그는 권력에 대항하여 싸울 수밖에 없다. 비록 가장 고귀한 목적인 자유의 천부적 권리를 쟁취하기 위해 싸우려 한다 하더라도, 나는 그에게 그러한 모험을 권유하지는 않을 것이다. 왜냐하면 혼자만의 힘으로는 인민 전체의 동물적 신분이 보편적으로 고유한 신분으로 바뀔 수 없기 때문이다. 개개인 각자에게 커다란 용맹심을 발휘하라고 무리하게 요구할 정도로 나는 욕심을 부리고 싶지는 않다. 인민들은 제각기 고유의 취향에 따라 자유로운 삶에 대한 막연한 희망과 확신을 가지고 불행한 삶을 계속 영위하려고 한다. 나는 이러한 태도를 무조건 나쁘게 생각하지는 않는다. 권력에 봉사하느냐, 저항하느냐 하는 물음은 결코 개개인이 제각기 선택해야 하는 양자택일의 문제가 아니다.

그러나 사람들은 자유를 그저 "열망"하기만 하였으며, 단순히 그러한 의지만 품는 것으로 만족하고 살아왔다. 실제로 언젠가는 반드시 자유를 쟁취해야 했을 텐데 그렇게 하지 못했다. 이 땅의 인민들은 자유가 주어지지 않고 있다는 단 하나의 사실만이라도 깨달아야 했었는데, 그렇지 못했다. 이는 사람들이 자유에 대한 열망과 의지를 다만 우연히 수동적으로 얻으려고만 하기 때문이 아닐까? 일단 자유를 누리면서 느끼는 행복감은 엄청난 피를 흘려야 쟁취할 수 있는 것이라고 가정해 보자. 자유에 대한 열망조차 지니지 않은 나라의 경우, 그 나라 사람들은 자유의 행복감을 쟁취하려는 노력을 쉽사리 포기할 것이다. 자유란 오로지 그것을 깨닫는 사람에게만 중요하게 여겨지지 않는가?[4] 가령 명예를 중시하는 사람은 가장 중요한 자유를 상실할 경우 더 이상 살 수 없다고 다짐한다. 그렇지만 대부분의 사람들은 목숨마저 바칠 정도로 자유가 가치 있다고 여기지 않는다.

　폭군을 살펴보라. 폭군은 마치 하나의 불꽃과 같다. 그는 자그마한 불티에서 발생하여, 점점 커진다. 사람들이 땔감을 많이 던지면 던질수록, 불은 더욱더 많은 것을 태워 삼키며 강대해진다. 만약 불 주위에 더 이상 탈 것이 없다면, 화염은 조만간 꺼져서 사멸해 버릴 것이다. 그렇다, 사람들이 폭정이라는 불길에 물을 끼얹을 필요조차 없다. 오로지 불 스스로 타들어 가도록 신경 쓰는 것으로 족할 뿐이다! 그렇다, 폭군은 사람들이 모시고 떠받들기를 그만둔다면, 즉시 스러져 버릴 것이다. 폭군으로 하여금 더욱 많이 먹게 해 줄수록, 더욱 약탈하여 삼키게 해 줄수록 그는 더욱더 강력하게 된다. 폭군은 그를 모시는 인민들에 의해서 점점 더 강해지고, 파괴와 약탈을 일삼는다.[5]

　그렇다면 인민은 그와 대항해서 싸울 것인가? 어디서부터! 만약 인민이 그에게 더 이상 아무것도 주지 않고 순종하지도 않는다면, 폭군은 정말 굴복하게 되고 벌거벗은 채 소멸하게 되

---

4. 부자유에 대한 고통을 체험한 사람은 자유에 대한 기쁨을 곱절로 느끼는 법이다. 그렇기 때문에 고난의 삶 자체가 인간에게 무조건 나쁜 것은 아닐지 모른다.
5. 윤노빈: 『신생 철학』, 학민사, 서울, 2003, 151-167쪽.

며, 더 이상 아무 명령도 내리지 못하게 될 것이다. 그는 마치 뿌리가 물도 양분도 빨아들이지 못하여 금방 시들어 버리는 나무처럼 죽게 될 것이다. 선이 가치 있다고 생각하며 폭군에게 저항하려고 할 경우, 용감한 자들은 위험을 감수하고, 영리한 자들은 자신의 노력을 아끼지 않을 것이다. 그러나 겁쟁이나 바보는 불행을 간파하거나 행복을 획득하는 방법을 전혀 알지 못한다. 이들이 끝내 성취하는 것은 눈앞에 보이는 개인적 욕망에 불과하다. 이들은 천성적으로 걸핏하면 자신을 불행하게 하는 무엇만을 차지하려고 한다. 근본적으로 고찰할 때, 이러한 개인의 욕망이 내면에서 자유를 열망하는 어떤 힘을 배척한다.

세상의 모든 사람들, 즉 신중한 자와 변덕스러운 자, 용기 있는 자와 비겁한 자, 누구나 할 것 없이 행복해지고 싶어 하며, 선(善)을 바란다. 그러나 많은 선 가운데는 단 하나의 고결한 선이 있다. 그것은 자유이다. 우리가 만약 이것을 잃어버린다면, 도처에 악이 창궐하게 되며, 사람들은 남아 있는 다른 선에서 어떠한 맛과 흥미도 느낄 수 없게 된다. 자발적 복종은 모든 것을 망치며, 자유만이 유일하게 선을 정당화시킨다. 모든 선 가운데에서 최상의 것을 추구하는 것 — 이러한 충동이 인간에게 결여되어 있는 것을 나는 도저히 납득할 수 없다. 그게 아니라면 사람들은 어리석게도 가만히 앉아서 자유를 얻으려고 한다. 사람들은 단순히 자유에 대한 열망만을 수동적으로 지니기 때문에, 자유를 경시한다. 과연 이러한 일이 있어서 되겠는가? 어쩌면 사람들은 자유를 얻기가 쉽다고 생각하는지 모른다. 그렇기 때문에 그들이 "자유"라는 고귀한 뜻을 깨달으려고 하지 않는 게 아닐까?

아, 인민들이여, 너희는 불쌍하다. 왜냐하면 너희는 자신의 불행에 관심 없다고 고집하고 있기 때문이다. 너희는 참으로 어리석다. 왜냐하면 스스로 찾아야 할 행복을 전혀 간파하지 못하기 때문이다. 너희의 가장 귀중한 것과 아름다운 것을 강탈당하고, 수확물을 도둑맞으며, 거주지를 빼앗기고, 상속 받은 가구들을 빼앗겨 질질 끌고 가게 하는 일이 일어나고 있는데도, 모든 것을 그저 수수방관하고 있구나! 재산을 빼앗기는 게 마치 대단한 명예가 되는 것처럼, 가축과 농장 그리고 가족의 반을 독재자에게 빼앗기는 게 마치 커다란 행복이나 되는 것처럼 너희는 그렇게 살아가고 있다. 너희가 당하는 모든 불행, 너희가 입는 모든 손해는 많은 적들로부터 비롯되는 게 아니다. 모든 재난은 오히려 단 한 명의 적으로부터 비롯된다. 독재자가 바로 너희의 적이다! 오직 너희가 강하게 만들어 주기 때문에, 그는 막강할 뿐이다. 너희는 단 한 명의 독재자에게 거대한 권력을 부여하고 이를 허용하였으므로, 그는 너희를 전쟁과 죽음의 구렁텅이로 몰아간다.[6]

---

6. 라 보에시는 여러 대목에서 아리스토텔레스의 입장을 거론하고 있다. 아리스토텔레스의 『정치학』 제5권의 중요한 부분을 인용해 보자. "참주 정치는 서로 담합함으로써 민주 정치와 과두 정치에 해악을 끼친다. 그것은 '경제적 부유함이 가장 큰 선(善)을 만들어 낸다'는 이른바 과두 정치의 근본적 특성을 없애 버린다. 왜냐하면 참주 정치는 오로지 용병에 의한 군사적 방어 체제 내지 사치 풍조를 조장하기 때문이다. 그리하여 참주는 인민에게 어떠한 신뢰도 가져다주지 못한다. '무기만을 중시하고, 인민을 함부로 다루며, 그들로 하여금 도시를 떠나 다른 여러 거주지로 이전하게 하는 일' ─ 이것은 과두 정치와 민주 정치 사이의 공통점이다. 민주 정치에서는 다른 어떤 문제들이 발생한다. 즉, 사람들은 귀족에 대해 전쟁을 일으키고, 그들을 공개적으로 혹은 비밀리에 파멸시키고 추방한다. 왜냐하면 사람들은 귀족을 오로

독재자는 거대한 도시의 어느 곳에 사는 보잘것없는 사람과
마찬가지로 몸뚱이 하나, 두 개의 손과 발을 가지고 있을 뿐이
다. 그는 너희보다 나을 게 하나도 없다. 물론 너희를 파멸시키
고 너희에게서 앗아간 거대한 힘만을 제외한다면 말이다. 그럼
에도 불구하고 너희는 눈과 귀 그리고 손과 발을 독재자에게
자진해서 빌려주고 있다. 이로써 그는 모든 것을 감시하고 엿들
으며, 무고한 사람들을 마구 두들겨 패고, 도시를 마구 짓밟지
않는가? 한마디로 말해서, 독재자는 너희의 힘을 능가할 권력
을 전혀 지니고 있지 않다.

　과연 어떻게 폭군이 너희의 양해 없이 마구잡이로 행동할 수
있겠는가? 만약 이 사기꾼에게 너희들이 방조자로서 무엇을 제

지 지배를 위한 경쟁 상대 내지 장애물로 생각하기 때문이다. (…) 사람들이
참주 정치를 반박하는 데에는 두 가지 이유가 있다. 그 하나는 증오이고, 다
른 하나는 경멸이다. 증오심은 지배 자체에 동반되는 현상이다. 다른 체제의
경우 폭군은 자신의 부하를 경멸하기 때문에 스스로 몰락을 초래한다. 권력
을 추구하는 대부분의 사람들은 부하를 옥박지름으로써 자신의 힘을 드러
낼 수 있었다. 이에 비하면 부모로부터 권력을 승계 받은 자는 즉시 권력을
잃어버린다. 그들은 주로 향락적 삶에 익숙해 있기 때문이다. 이로써 권력을
승계 받은 자는 반대 세력에게 어떤 모반의 빌미를 제공한다. (…) 참주는 세
가지 사항을 추구한다. 첫째로 그는 인민들을 소심한 사람들로 만들어야 한
다. 왜냐하면 소심한 자는 어느 누구에게도 반항하지 않기 때문이다. 둘째
로 참주는 피지배자들 스스로 불신하도록 그들을 이간질시켜야 한다. 몇몇
중요한 사람들이 서로 신뢰하게 되면, 참주 체제는 위태롭게 변한다. 따라서
참주들은 지배에 해를 끼치는 자들보다도 더욱 혹독하게 고결한 지조를 지
닌 자들과 싸워야 한다. (…) 셋째로 참주는 누구에게도 권력의 수단을 이양
하지 말아야 한다. 왜냐하면 어느 누구도 불가능한 것을 시도하지 않기 때
문이다. 권력 수단 없이는 주어진 폭정을 사라지게 할 수 없다." Siehe Horst
Günther(hrsg.), *Etienne de La Boétie: Von der freiwilligen Knechtschaft*,
Frankfurt a. M. 1980, S. 100f.

공하지 않고, 이 살인자에게 너희들이 조력자로서 시중을 들지 않는다면, 그가 너희에게 무슨 해악을 입힐 수 있겠는가? 너희는 약탈당하고 배신당하면서 살아가기를 원한다! 그가 수확하도록 너희는 밭에 씨를 뿌리고 있다. 그가 빼앗도록 너희는 열심히 집을 건설하고 정돈하고 있다. 그가 자신의 쾌락을 남용하도록 너희는 세심하게 딸들을 키우고 있다. 그의 복수와 탐욕을 위해서, 너희는 아들을 튼튼하게 키워 전쟁터로 도살장으로 보내고 있다. 그가 오입질하고 더럽고도 저열한 유흥을 즐기도록 너희는 악착같이 일하고 있다. 그렇다, 너희의 입에 단단히 재갈을 물릴 정도로 그가 강해지게 하기 위해서 너희는 자신을 약화시키고 있다.

짐승들도 너희가 지금 좋아하고 있는 그따위 짓은 참지 못할 것이다. 너희는 차제에 우연히라도 결코 자유를 얻지 못할 것이다. 오로지 자유롭게 되려는 욕구를 마음속에 지녀야만 즉시 모든 것으로부터 자유롭게 될 것이다. 너희에게는 자유에 대한 욕구와 의지만으로도 충분하다. 독재자에게 복종하지 않을 것을 결심하라. 너희들은 자유롭게 될 것이다! 그를 창으로 찌를 필요도 없고, 뒤엎을 필요도 없다. 다만 그를 지지하지 않으면 족하다. 그러면 너희는 조만간 목격하게 될 것이다. 토대가 사라지면, 독재자는 마치 제 무게에 못 이겨 저절로 붕괴되어 산산조각 나는 거대한 입상(立像)처럼 무너지고 말리라는 것을.[7]

---

7. 『자명종 시계』에서는 이 대목에서 끝을 맺는다.

3. 인간의 본성과 자유

어느 의사가 "불치의 병에 손을 써 본들 아무 효과도 없다"
고 말한다면, 그는 확실히 유능하다.[1] 마찬가지로 인간의 내면

---

1. 라 보에시는 이 문장을 히포크라테스에게서 빌려 왔다. Hippokrates, *Die
ärztliche Kunst* 8. 이 대목을 요약하면 다음과 같다. "모든 외부적 여건 속
의(기후의 — 역주) 끊임없는 변화는 인간 정신을 일깨우고 잠들게 하지 않
는다. 아시아 사람들은(중동 지역 사람들을 가리킴 — 역주) 내가 보건대 무기
력하고 용기 없는 것 같다. 이는 그들을 사로잡고 있는 정치 체제 때문인 것
처럼 보인다. 그러나 인간이 자신의 주인이 아니고 타인에게 종속되어 살아
가는 곳에서는 전쟁 기술을 연마하는 게 중요하지 않고, 오히려 가급적이면
전쟁 지향적인 태도를 취하지 않는 게 중요하다. 왜냐하면 그곳에서는 위험
이 균등하게 배분되어 있지 않기 때문이다. 사람들은 전쟁터로 나가서 싸워
야 하고, 군주를 위해서 고통당하며 목숨을 바쳐야 한다. 그것도 아내와 자
식 그리고 개개인들에게 가장 중요한 사람들을 내버려둔 채 말이다. 그들이
열심히 용감하게 행하면, 그들의 주인들은 강성해지고 번영을 구가한다. 그
렇지만 위험에 빠지고 죽음을 당하는 자들은 백성 개개인이다. 나아가 국가
는 시간이 흐르면 어쩔 수 없이 파괴되기 마련이다. 왜냐하면 전쟁을 치르는
동안 일할 수 없기 때문에 부를 창출할 수 없다. 따라서 사람들의 관심사는
자연스럽게 전쟁으로부터 벗어난다. (…) 그렇지만 아시아 사람들도 동일한
기질을 지닌 것은 아니다. 혹자는 용감하고, 혹자는 소심하다. 이러한 차이
는 앞에서 거론한 대로 기후 탓일 것이다. (…) 야만적 근성, 근접 불가능성,

에 도사린 노예근성 역시 치명적인 병과 다를 바 없다. 그렇지만 이 사실을 인민에게 가르치고 충고하는 것은 어리석은 짓일지 모른다. 왜냐하면 인민들은 이러한 불치병에 대해 전혀 인식하지 못하기 때문이다. 그럼에도 불구하고 이 놀랄 만한 노예근성이 얼마나 깊이 뿌리박고 있는가를 생각해 보려고 한다. 이러한 자발적 복종의 상태가 너무나 심각해서, 모든 현상은 마치 인간의 본성에서 파생된 것처럼 착각이 들 정도이다. 즉, 인간의 내면에는 자유에 대한 열망이 도사리고 있는 게 아니라, 노예화를 갈구하는 열망이 가득 차 있다고 말이다.

그러나 나는 다음의 사실을 확신한다. 만약 자연의 법칙에 따라, 이를 가르치는 자들의 말씀에 따라 살았다면, 인민은 자연에 합당하게 부모를 따르고 이성에 복종했으리라고 말이다. 그래, 만약 그렇게 살았다면, 인민은 어느 누구도 노예로 살아가지 않을 것이다. 자연 이외의 다른 무엇에도 의존하지 않는다면, 인간은 누구나 자신의 부모에게 복종하고 그들을 섬길 것이다. 과연 이성은 우리와 함께 생겨났는가, 아니면 그렇지 않은가? 과거의 대학 교수들이나 철학 교사들은 근본적으로 이러한 질문을 규명하고, 이를 언어로 표현하곤 하였다.[2] 가령 그

용기와 분노 등은 그 때문에 비롯된다. 왜냐하면 땅의 흔들림은 인간 정신을 거칠게 만들고, 부드러움과 온화함을 사라지게 하기 때문이다. 그렇기 때문에 나는 유럽 사람들이 아시아 사람들에 비해서 풍부한 감정을 표현할 줄 안다고 생각한다. 기후가 언제나 동일한 곳에서는 느슨함의 이유가 존재하고, 기후가 끊임없이 변화하는 곳에서는 육체적·정신적 저항의 의지가 싹트기 때문이다."

2. 라 보에시는 여기서 아리스토텔레스의 "배아 이론"을 암시하고 있다.

들의 주장에 의하면 우리의 영혼 속에는 이성(理性)이라는 어떤 자연스러운 싹이 숨어 있다. 그것은 좋은 가르침과 훌륭한 습관에 의해서 나중에 완전한 에너지로 만개할 수 있다. 그렇지만 설령 고질적인 나쁜 습관으로 특정한 사람만이 더 많은 재능을 얻게 되었다고 가정하더라도, 충동을 견뎌내지 못한 채 약해지거나 시들어 버릴 수도 있을 것이다. 나는 이러한 주장이 잘못되었다고 믿고 싶지 않다.

그렇지만 우리는 자연에서 어떤 분명하고도 확실한 무엇을 발견할 수 있다. 자연 속에는 어느 누구도 간과해서는 안 될 사항이 한 가지 포함되어 있다. 그것은 평등이다. 신의 시녀이자 인간의 교사인 자연은 인간을 오로지 어떤 한 가지 형태로, 구체적으로 말하자면 동일한 설계에 따라 창조했다. 그리하여 우리 모두가 서로 동지로서 그리고 나아가 형제로서 인식하도록 조처했던 것이다. 어쩌면 자연은 ─ 영혼의 영역이든 육체의 영역이든 간에 ─ 어느 한 사람을 선호하여 그에게 다른 사람들보다 더 많은 재능을 부여했는지 모른다. 설령 그렇다 하더라도 강한 자와 영리한 자가 마치 무장한 강도처럼 약한 자와 어리석은 자를 습격하거나 약탈하게 하지는 않았다. 자연은 이 세계에 마치 전쟁터와 같은 무엇을 설치해 두지는 않았다. 자연이 개개인들에게 제각기 다른 능력을 부여한 까닭은 무엇인가? 그것은 추측컨대 강한 자와 영리한 자로 하여금 도움을 필요로 하는 자들과 동지애를 나누게 하고, 힘없는 자들을 도울 수 있도록 하기 위함이었다.[3]

자연은 좋은 어머니이다.[4] 자연은 우리 모두에게 지상에서 편안히 살 수 있는 거처를 마련하게 하였으며, 나아가 우리 모두에게 하나의 동일한 범례를 가르쳐 주었다. 이로써 우리 모두는 자기 자신을 다른 사람 속에 비추면서, 동시에 이웃 사람들을 통해 자기 자신을 인식하도록 조처해 주었다. 또한 자연은 우리 모두로 하여금 말을 통하여 항상 신뢰하고 언제나 형제같이 지내도록, 이른바 "언어"라는 위대한 선물을 주었다. 그리하여 우리는 공동으로 의견을 교환할 수 있게 되었으며, 공동 의지의 운명이 자라나게 하였다. 자연은 모든 수단을 동원하여 우리를 어떤 결합된 띠로 결속시키고 하나의 공동체로 모이도록 한다. 우리를 단순히 결합시키는 게 아니라, 함께 바람직한 공동체를 재건케 하려고 애쓴다. 만약 그러하다면, 우리는 모두 의심할 여지 없이 자연적으로, 천부적으로 자유로운 존재이다. 왜냐하면 우리는 누군가에 의존해서 사는 사람들이 아니기 때문이다. 자연이 우리 모두에게 고유한 권한을 가지고 살아가도록 허용했음을 고려한다면, 어느 누구도 자신이 주어진 사회에서 평생 노예로 살아가야 한다고 생각해서는 안 된다.

그렇지만 이와 관련하여 자유가 자연적으로 주어진 것인지, 아닌지 하는 물음은 그 자체 무의미한 질문이다. 그 이유는 다

---

3. 이는 얼마나 위대한 계몽주의적 사고인가? 조물주가 특정한 사람에게 지적 능력을 부여한 까닭은 그로 하여금 무지한 사람을 돕도록 하기 위함이었다.
4. 라 보에시가 "창조주(creator)" 대신에 "자연(nature)"의 개념을 사용한 것은 당시를 고려할 때 과히 혁명적이다. 종교전쟁의 시대에 살던 당시 사람들의 인간 삶의 척도는 오로지 "창조주"에 의해서 규정되었다. 그럼에도 라 보에시는 통상적 가치를 지니던 "창조주"라는 개념을 일단 유보하고 "자연"의 개념을 과감히 사용함으로써, 200년 후에 나타날 루소의 사상과 프랑스 혁명의 이념을 선취(先取)하고 있다.

음과 같다. 사람들은 오로지 불법을 가함으로써 누군가를 노예
로 붙잡아 둘 수 있다. 또한 이 세상에서 근본적으로 이성적인
자연에 대항하는 것은 오직 불법밖에 없지 않은가? 우리는 자
유를 지닌 채 태어났을 뿐 아니라, 자유를 지키려는 충동을 지
닌 채 태어났다. 어느 누구도 이러한 관계에 대해 의심할 필요
는 없을 것이다. 만약 자유의 가치와 타고난 자유에 대한 열망
을 인식하지 않았다면, 우리는 타락하고 말았을 것이다. 만약
누군가 나의 이러한 말을 의심하면서, 자유가 가장 높은 가치
와 천부적인 충동이 아니라고 한다면, 나는 그에게 정중하지는
않지만, 마땅히 그가 들어야 할 대답을 주겠다. 즉, 그 사람은
동물들로부터 설교를 들어야 한다고 말이다. 그는 자연과 자연
의 본원적 특질에 관해서 오로지 동물에게서 배워야 할 것이다.
만약 인간이 동물의 소리를 들을 수 있다면, 동물들은 — 맙소
사 — 인간에게 "자유 만세" 하고 외칠 것이다.

　생각해 보라, 동물들 중에는 [뭔가에] 갇히게 되면 스스로 죽
음을 택하는 종류들이 많이 있다. 물고기들은 가뭄이 닥치면
물 부족으로 죽으며, 어떤 종류는 햇빛이 없을 경우 생명을 잃
는다. 어떤 동물은 천부적으로 주어진 자유를 잃으면 스스로
목숨 부지하기를 애써 원하지 않는다.[5] 동물에게 등급이 있다

5. 라 보에시는 생존을 위한 동물의 필사적인 노력을 자유를 빼앗기지 않으려
　는 인간의 노력과 결부시킨다. 라 보에시의 견해에 의하면, 동물에게 생존이
　라는 원초적인 본능이 있는 것처럼, 인간에게는 처음부터 자유롭게 살려는
　천부적 의지가 주어져 있다는 것이다. 이와 관련하여 하이도른은 다음과 같
　이 말한다. "인간은 조약 내지 계약과 결부되어 있지 않다. 다만 인간은 장
　자 상속권을 요구한다. 그것은 지배의 철폐이다. 지배의 철폐는 '이성에 자

면, 이러한 종류의 동물들은 아마도 고귀한 족속으로 칭해질 것
이다. 동물계의 그 밖의 짐승들도 크든 작든 간에 그들이 감금
당할 경우에 완강히 저항한다. 그것들은 발톱, 뿔, 부리 그리고
발굽 등을 사용하여 격렬하게 감금 상태에 저항한다. 이러한 완
강한 저항을 통해서 동물들은 자유의 상실이 그것들에게 얼마
나 중요한가를 명백하게 표시한다. 그렇지만 동물들은 감금당
한 다음에야 비로소 자신들이 처한 엄청난 불행을 깨닫고서 이
에 대해 완강하게 저항하게 된다. 여기서 우리는 어떤 유형의
동물들이 살아가면서 점점 더 여위어 가는 양상을 예의 주시할
수 있다. 동물들은 이렇듯 행복이 상실되는 데 대해 처절하게
슬퍼한다. 이는 어쩌면 그것들이 좀 더 오래 살고 싶어 하는 것
처럼 보이기도 한다.

　예컨대 코끼리는 기력이 다할 때까지 자신을 방어한 다음에
일부러 자신의 턱 전체를 나무에 부딪쳐 자신의 이빨들을 부러
뜨린다. 이는 과연 무엇을 의미하는가? 코끼리는 처음에는 오
로지 자신의 몸을 보호하려고 한다. 그러나 더 이상 다른 출구
가 발견되지 않기 때문에 놈은 그렇게 행동한다. 자신의 감금
상태는 내적으로 자유롭게 되고 싶다는 커다란 환상을 불러일
으킨다. 어쩌면 놈은 일순 사냥꾼에게 하나의 용건, 즉 계약을
제의하는 것인지도 모른다. 만약 사냥꾼에게 자신의 몸값으로

　연적으로 주어진 소질'로서 이해될 수 있다. 지배의 철폐는 자기 인식을 위
　한 하나의 구성 성분이다. 지배의 철폐는 인간의 자기 인식 속에서 이미 정
　해져 있는 것이다." H. J. Heydorn(hrsg.) *Über die freiwillige Knechtschaft
　des Menschen*, Frankfurt a. M. 1968, S. 15.

상아를 제공한다면, 코끼리는 이에 대한 대가로 스스로 살아남
을 수 있다고 생각하는 게 아닐까? 말을 생각해 보라. 사람들
은 갓 태어난 말 한 마리를 유혹한다. 놈은 태어나자마자 인간
의 노예로 길들여져야 하지만, 훈련 도중에는 고삐를 물어뜯는
등 마구 날뛰고 뿌리친다. 하지만 결국 사람은 길들여진 말을
타고 달릴 수 있게 된다. 그렇지만 사람들은, 이후에 놈이 자신
의 본성을 증명하거나 최소한 본성의 일부를 증명해 낼 정도로,
울타리를 박살내거나 안장을 내팽개치지 말라고 마냥 쓰다듬
어 줄 수는 없을 것이다. 어쨌든 길들여진 말의 순응하는 행동
은 자신의 의지에서 비롯된 게 아니라 인간의 강요 때문에 나타
난 것이다. 이는 과연 무엇을 뜻하는가?[6]

〈"황소는 스스로 질곡 속에서 신음하고, 새는 창살에 적응하
지 않으려고 탄식한다." 이 시구는 앞에서 말한 바 있듯이 언젠
가 여가 시간에 내가 썼던 것이다.[7] 롱가여, 당신에게 편지를 보

---

6. 추론하건대 루소 역시 『인간 불평등 기원론』을 집필할 때, 라 보에시의 문
헌을 참조한 게 분명하다. 가령 다음의 구절을 생각해 보라. "훈련된 말은
채찍이나 박차를 참고 견디나, 길들여지지 않은 준마는 재갈을 가까이 가지
고 가면, 갈기를 세우고, 발을 구르며 힘차게 보챈다." 장 자크 루소: 『인간
불평등 기원론』, 최석기 옮김, 155쪽.
7. 이의 원문은 다음과 같다. "Même les bœufs sous le poids du joug
geignent/Et les oiseaux dans la cage se plaignent." 자유로운 새에 관한
비유는 나중에 칼데론 드 라 바르카(Calderón de la Barca)의 극작품, 「인생은
하나의 꿈(La vida es sueño)」에서 멋지게 묘사된다. "새장 속에 갇혀 있던 자
유로운 새가(Libera aleu volucris, caueae mox carcere clausa)/자신의 감옥이
파괴될 때 자유롭게 날아가듯이(Libera confracto carcere rursus abit):/죽음의
동굴에 갇힌 자연에서 태어난 인간은(Liber homo natus, mortis dein clausus
in antro),/그리스도에 의해 자유롭게 인도되어 별로 향하리라(Rursus abit
Christo liber ad astra duce)."

낼 때, 당신 앞에서 나의 시를 낭독할 때, 나는 자부심을 지닌
채 조금도 망설이지 않고 당신의 마음에 드는 시구를 마구 풀
어 헤쳤다.)[8] 따라서 살아 있고 느낄 수 있는 모든 존재들은 감
금 상태를 불행이라고 인지한다. 게다가 인간에게 시중드는 짐
승들조차도 마지못해 훈련에 길들여질 뿐이다. 따라서 살아 움
직이는 모든 존재들은 한결같이 자유를 열망한다. 여기서 나는
다음과 같이 묻고 싶다. 과연 어떠한 재난이 자유롭게 살려고
태어난 존재로서의 인간을 타락하게 만들었는가? 도대체 어떠
한 파국이 인간들로 하여금 원래의 존재에 대한 기억을 잃어버
리게 했으며, 원래의 고유한 존재를 되찾으려는 내적 욕구마저
깡그리 파괴해 버렸는가?

---

8. 기욤 드 뤼 드 롱가는 보르도 지방 의회에서 일하던 라 보에시의 선임자이
   다. 〈 〉 속의 문장들은 문맥을 고려할 때 매우 어색하게 들린다. 그것들은
   나중에 다른 사람에 의해서 첨가된 것처럼 보인다.

4. 폭군의 유형

폭군은 세 가지 유형으로 나누어진다. 첫째는 무력에 의해서 나라를 차지한 자이고, 둘째는 상속을 통해서 나라를 차지한 자이며, 셋째는 인민에 의해 선출된 자이다. 전쟁을 통해서 나라를 정복한 폭군은 정복한 토지와 땅 위에서 행동하며, 주어진 영역 내에서만 처신한다. 두 번째 경우, 처음부터 왕자로 태어난 폭군은 대체로 더 나아진 행동을 보여 주지 않는다. 그들은 처음부터 전제 정치의 품안에서 자라났으며, 모유와 함께 전제주의자의 근성을 자연스럽게 빨아들인다. 나아가 그들은 자신의 발아래에 있는 인민들을 마치 상속받은 노예처럼 간주한다. 그들에게 국가는 상속받은 유산이다. 따라서 그들은 자신의 기질에 따라 국가의 재정을 마음대로 축재하거나 사치스럽게 소비한다.[1]

---

1. 아그리파 도비네(Agrippa D'aubigné)는 1575년에 집필한 「비극(Les Tragiques)」에서 다음과 같이 노래하였다. "인민에겐 주인이자 아버지인 왕들은(Les Rois qui sont du peuple, et les Rois et les peres),/자신의 우리에서

셋째로 인민에 의해 선출된 폭군은 앞의 유형보다는 더 낫게 행동할지 모른다. 실제로 사람들은 선한 왕을 기대하면서 누군 가에게 국가를 위임한다. (나로서는 이해할 수 없지만) 선거 등 여러 과정에 의해 뽑힌 군주를 "위대한 인물"로 명명하려 한다면, 그게 더 나을지 모른다. 그런데 새로운 군주가 인민의 이러한 생각을 알아차리면, 그 다음부터는 결코 권좌에서 물러나지 않으리라 작심한다. 그는 대부분의 경우 인민에 의해 부여된 권력을 자식에게 상속시킨다. 그의 후계자는 이전의 독재자와 마찬가지로 소견머리 없는 짓거리를 수월하게 체득한다. 따라서 다음과 같은 일이 발생한다. 즉, 세습적 폭군은 새로 수립된 전제 체제를 굳건히 하기 위하여 인민들을 극단적으로 억압하고, 그들을 자유로부터 끝없이 소외시킨다. 자신의 고유한 권력을 안전하게 하기 위하여 인민에게 한때 주어져 있던 자유에 관한 마지막 흔적까지 깡그리 지워 버린다.

폭군의 세 가지 유형을 근본적으로 추적하면, 우리는 약간의 정도 차이를 인지할 수는 있으나, 어떤 변종의 폭군이 다른 유형의 폭군보다 더 나은 점을 발견할 수 없다. 이렇듯 군주들이 자신의 지배권을 획득하는 방법은 다르지만, 그들이 사람들을 통치하는 방식은 거의 동일하다. 권력을 약탈한 자는 인민을

동족을 마구 찢는 늑대가 되는구나(Du troupeau domesticq sont les loups sanguinaires):/그들은 불붙은 노여움으로 신의 채찍이자(Il on l'ire allumee, et les verges de Dieu),/살아 있는 자들을 경악케 하고, 시체들을 남기는구나(La crainte des vivans, ils succedent au lieu)/유산 대신에 여러 처녀들을 능욕하는 자(Des heritiers des morts, ravisseurs de pucelles),/아름다운 사람들의 공간을 더럽히는 파괴자(Adulteres, souiillans les couches des plus belles)."

마치 노획한 물건처럼 다룬다. 왕위를 계승한 자는 인민을 마치 타고난 노예처럼 취급한다. 선출을 통해 권력을 쥐게 된 자는 마치 사나운 수소를 길들이듯이 그렇게 자신의 신하들을 부려 먹는다.

오늘날 완전히 새로운 인민이 이 세상에 태어났다고 가정해 보자. 그들은 억압에 익숙하지 않을 뿐 아니라, 자유 없이는 살 수가 없는 순진무구한 사람들이다. 그들은 지금까지 억압이나 자유라는 명칭조차 들은 바 없다. 만약 누군가 그들에게 노예 신분과 자유로운 삶 두 가지 가운데 하나를 선택하라고 한다면, 그들은 과연 무엇을 선택하게 될까? 새로운 인민은 의심할 여지 없이 이성에 따라 행동했을 것이다. 그들은 결코 강요나 기근 없이 독재자를 만들어 낸 이스라엘 사람들처럼 노예근성을 드러내지는 않을 것이다. 이스라엘 민족의 역사를 읽어 내려갈 때마다 나는 극도의 혐오감을 느끼지 않을 수 없다. 그때마다 나는 이스라엘 사람들이 마주쳤던 수많은 괴로움에 대해서 전혀 동정심을 표하지도 않는다.[2] 그들이 실제로 존재했다면 어떤 권력에 속은 게 틀림없을 것이다.

예컨대 아테네와 스파르타는 무력에 의해서 알렉산더의 지배하에 놓였다. 아테네는 당파 싸움 때문에 페이시스트라토스(Peisistratos)의 수중에 들어갔다.[3] 인민은 가끔 어떤 다른 농간

---

2. 이는 구약성서 사무엘상 제8장에 나오는 이야기이다. 이스라엘 사람들은 전쟁을 앞두고, 병력을 증강시키고 왕을 추대하여 자발적으로 그를 모신다.

3. 페이시스트라토스(BC. 600?-527): 아테네의 참주 정치가. 기원전 560년에 아크로폴리스를 점령한 뒤에 참주가 되었다. 아테네의 경제적·문화적 발전에 공헌하였다.

에 의해서 자유를 박탈당하곤 한다. 이는 오로지 타인에 의해서라기보다는 대개 자신에 의해 속임을 당한 것 같아 보인다. 엄청난 전쟁의 고통과 당면한 재난은 인민들의 비판력을 마비시키는 법이다. 시칠리아의 수도, 시라쿠사의 주민들은 디오니스를 선출하고 그에게 군대의 지휘권을 양도하였다.[4] 그들은 디오니스를 군 사령관으로 선출한 게 장차 어떤 영향을 끼칠지에 관해서 전혀 숙고하지 않았다. 개선하는 길목에서 이 사나이는 적이 아니라 마치 동포를 점령한 것처럼 총사령관에서 왕으로, 왕에서 전제군주로 돌변하였던 것이다.

믿기 어려운 이야기이지만, 인민은 자신이 억압당하고 있다는 사실을 거의 잊고 지낸다. 자신에게 주어진 천부적인 자유를 너무나 뜻밖에, 갑작스럽게 잃어버렸기 때문에, 그들의 뇌리에는 자유를 되찾으려는 생각이 미처 떠오르지 않는 것이다. 얼핏 보기에 사람들은 자유의 상실에 대해 슬퍼하지 않는다. 그들은 오히려 노예가 되었다는 것을 환호하며, 그 순간부터 흔쾌히 즐거운 기분으로 군주에게 봉사한다.[5] 처음에 무력에 의해 정복당한 자들은 군주에게 복종할 수밖에 없다. 왜냐하면 그들에게는 달리 뾰족한 묘안이 없기 때문이다. 그렇지만 다음 세대 사람들

---

4. 디오니스(BC. 430-367): 주민들이 뽑은 참주 정치가. 그는 나중에 포악한 군주로 변하였다.
5. 몽테뉴는 다음과 같이 썼다. "군주들은 어떻게 모든 것을 가지고 있다고 쉽게 믿으며, 인민들은 왜 자신들에게 아무것도 없다고 안이하게 믿는지, 나는 이 점을 납득할 수 없다." 이러한 논조를 통하여 몽테뉴는 인민을 옹호하는 급진적인 사상을 지니고 있지 않다는 점을 분명히 한다. 몽테뉴가 친구라 보에시의 문헌을 약간 손질했다는 추측도 그 때문이다.

은 선대와는 달리 자발적으로 노예처럼 살아가려고 한다. 선대의 사람들은 혹독한 억압 밑에서 온갖 노역을 어쩔 수 없이 행하지 않았던가? 그런데 다음 세대 사람들은 자신의 타고난 약간의 특권이 오래 지속되는 데 그저 만족할 뿐이다. 그들은 감히 다음의 사항을 인지하려고 하지 않는다. 즉, 차제에 눈앞의 것과는 다른 어떤 행복이, 전대미문의 어떤 자유가 주어진다는 것을 말이다.

물론 사람들은 자신이 태어나기 전에는 노예가 아니었다는 사실을 감지하기도 한다. 그렇더라도 그들은 예전과 마찬가지로 노예 상태를 천부적이고 필연적인 것으로 받아들인다. 왜냐하면 이전 세대의 잘못된 제반 사항들을 정확하게 확인할 수 있는 유산이라곤 아무 데도 없기 때문이다. 다시 말해서, 부친이 너무 게으르고 낭비벽이 심하다고 가정해 보자. 이 경우 아들은 장부를 낱낱이 조사하지 않고서는 부친과 그의 선대 사람들이 무엇을 횡령했는가를 정확히 알 수 없다. 또한 부친이 모든 상속권을 지니고 있었는가도 제대로 확인되지 않는다.

5. 교육과 습관

세상에서 가장 두려운 것은 우리를 은밀하게 노예로 만드는 유혹이다. 이에 비하면 폭력으로 통치하는 방법은 그다지 겁나지 않는다. 언젠가 미트리다테스(Mithridates)는 사람들이 독약을 먹는 데 익숙해졌다고 말한 적이 있다.[1] 이처럼 권력자들은 사람들을 노예로 만들기 위해서 노예근성이라는 독으로써 유혹한다. 이러한 유혹은 하나의 습관으로 작용하여, 사람들로 하여금 수월하게 이 독약을 삼키게 하고, 한 번도 이 독이 쓰다고 말하지 못하게 한다. 물론 우리는 다음의 사실을 부인하지 않는다. 즉, 자연은 우리의 성향에 거대한 영향을 끼치며, 우

---

1. 라 보에시는 플리니우스의 『박물지』 제24권에서 상기한 내용을 참고하였다. Plinius, *Hist. nat.*, XXIV, 2; Appian, Bell. Mithr. 가이우스 플리니우스(23-79)가 쓴 『박물지』는 총 37권으로 이루어져 있다. 제1권은 총론을, 제2권은 우주와 천체를, 제3-6권은 사라진 주요 도시를, 제7-11권은 인간, 포유류, 어류, 조류, 곤충 등을 다루고 있다. 제12-19권은 식물학과 농법을, 제20-32권은 의학과 약학을, 제33-37권은 광물, 보석, 금속을 다루고 있다. 플리니우스의 『박물지』는 오늘날 시각으로 보면 약간의 하자를 지니고 있지만, 로마인들의 삶과 세계관을 이해하는 데 무척 도움이 되는 문헌이다.

리는 스스로 고상하든 천하든 간에 이에 의존할 수밖에 없다는
사실을 말이다.

그렇지만 우리는 다음의 사실을 솔직하게 고백하지 않을 수
없다. 즉, 우리의 내적 성향은 무엇보다도 노예화로의 유혹이라
는 습관에서 강한 영향을 받는다. 왜냐하면 인간의 천부적 기질
은 지속적으로 가꾸어 나가지 않을 때에는 순식간에 썩어 버리
기 때문이다. 인간은 자연적으로 발전될 수 있지만, 지속적으로
바르게 교육받지 않으면 얼마든지 나쁘게 변형될 수 있다. 선
(善)의 싹이란 자연이 우리의 내부에 부여한 것이다. 그러나 그
것은 너무나 자그마하고 연약하다. 그 때문에 선의 싹은 거짓
된 교육이 만들어 내는 가벼운 타격에도 곧 쓰러지거나 소멸되
고, 결국에는 죽어 버린다. 그리하여 쉽게 퇴화하여, 우리가 보
존하고 지킬 수 있는 것보다도 더 빨리 소멸되어 버린다. 과일
나무는 그 자체 훌륭한 성질을 내재하고 있지만, 이는 접목한
뒤에야 비로소 출현하는 법이다. 그렇게 되면 나무는 자신의 성
질에 전혀 합당하지 않은 낯선 열매를 맺는다. 모든 식물들은
뚜렷한 고유의 성질과 기질을 지니고 있으나, 토양, 기후, 과수
원 주인의 세심한 손길에 의해 자신의 가치를 증가시키거나 감
소시킨다. 그렇다. 어떤 장소에서 대할 수 있었던 많은 식물들
은 ― 품종이 같은데도 ― 다른 곳에서는 거의 찾아볼 수 없다.[2]

베네치아 사람들을 보라. 소수의 사람들은 자유롭게 살아가

2. 여기서 라 보에시가 말하려는 것은 다음과 같다. 자유 수호의 정신은 천부
   적인 게 아니라 주어진 사회적 환경 내지 풍토에 의해서 강화되거나 약화될
   수 있다는 것..

기 위하여 끔찍한 악한들이 권력을 쥐지 못하게 노력한 바 있다. 그들은 그렇게 태어났고, 그렇게 교육받았던 것이다. 그리하여 그들은 모든 수단을 동원하여 자유를 수호하는 일을 하나의 명예로 여기고 있다. 그들은 요람에서부터 그렇게 교육받았고, 자유롭게 성장했던 것이다. 그렇기에 그들은 자유의 가장 작은 부분이라도 세상의 어느 다른 행복과도 교환하려고 하지 않는다.[3] 만약 이러한 사람들을 대하고 난 뒤에 "위대한 술탄"이라고 불리는 자가 지배하는 곳으로 눈길을 돌린다면, 우리는 그저 놀라워할 것이다.[4] 그곳의 수많은 사람들은 오로지 노예로 봉사하려고 태어나서, 술탄에게 권력을 안겨 주기 위하여 자신의 몸을 내맡기고 있다. 이때 우리는 같은 종족 가운데 오로지 베네치아 사람들과 같은 자들만 존재한다고는 결코 생각하지 않을 것이며, 인간의 도시가 동물의 공원으로 전락해 버렸다고 여길 것이다.

전해 내려오는 이야기에 의하면, 스파르타의 유명한 리쿠르구스는 같은 어미에게서 태어난 두 마리 개를 같은 우유로 먹여 키웠다고 한다.[5] 그는 한 마리를 사냥용으로 길들여 숲과 들판에서 생활하게 하고, 다른 한 마리를 부엌에서 살찌게 키웠다. 이로써 리쿠르구스는 짐승들을 교육시키는 것은 바로 인간

---

3. 여기서 말하는 베네치아 사람들이란 르네상스 시기의 이탈리아 자유 시민들을 가리킨다. 이들은 고대인들의 인간적 제스처에서 자유와 평등 그리고 동지애라는 고귀한 품위를 재발견해 냈다.
4. 원문에서 위대한 술탄은 "Grand Seigneur"라고 표현되어 있다.
5. 리쿠르구스: 스파르타의 전설적인 인물. 언제 살았는지는 확실치 않다. 리쿠르구스는 토지의 균등 분배, 원로제 실시, 민회 개최 등을 주장하였다.

이라는 사실을 증명하려 했다. 어느 날 그는 두 마리 개를 데리고 시장의 넓은 공터로 갔다. 한 곳에는 수프 접시를 놓고, 다른 한 곳에는 토끼 한 마리를 앉혀 놓았다. 한 마리는 즉시 수프 접시로 달려갔으나, 다른 한 마리는 토끼에게 덤벼 그놈을 몰기 시작했다. "그것들은 이렇게 달리 행동합니다." 하고 리쿠르구스는 말했다. "그럼에도 그것들은 형제입니다." 리쿠르구스는 스파르타 사람들에게 엄격한 제도와 법률을 제시하였다. 말하자면, 그는 수천의 사람들이 제각기 자신의 목숨을 오로지 단 한 명의 군주를 위해서 바치도록 가르쳤던 것이다. 그리하여 스파르타 사람들은 남의 나라 군주의 말이 결코 법이 될 수 없으며, 남의 나라 군주를 이성적인 존재로 여기는 것을 절대로 용납하지 않았다.[6]

나는 두 명의 스파르타인과 페르시아의 왕 크세르크세스 (Xerxes)를 모시는 총사령관 사이의 대화를 기억한다.[7] 이 대화는 실제로 있었다고 한다. 크세르크세스의 아버지 다리우스 왕은 일찍이 아테네와 스파르타에 사신을 보내, 땅과 바다를 넘겨줄 것을 요구했다. 그것은 페르시아 사람들이 다른 국가를 정복할 때 흔히 행하는 요구 사항이었다. 아테네와 스파르타 사

---

6. 여기서 라 보에시가 지적하려는 사항은 다음과 같다. 만약 스파르타 사람들이 어릴 때부터 엄격하게 교육받지 않았다면, 그들은 그토록 독재자 한 사람에게 충성하지 않았을 것이다.

7. 라 보에시는 헤로도토스의 다음 책에서 인용하고 있다. Herodot: *Historiae* VI, 48f, 94; VII, 5, 8, 22, 133-135. 크세르크세스: 기원전 470년경의 페르시아의 왕. 다리우스 1세의 아들. 그는 부친의 뜻을 계승하여 그리스를 침공하였다. 첫 전투에서 승리를 구가하여 아티카를 점령했으나, 살라미스 해전에서 패한 뒤에 결국 전쟁에서 쓰라린 패배를 맛본다.

람들은 다리우스의 사신들을 우물과 도랑에 내팽개치며 다음
과 같이 소리쳤다. "안 그러면 어떻게 할 것인가? 페르시아 사
람들이 이곳으로 와서 직접 땅과 바다를 가지고 가라!" 그리스
사람들은 하찮은 말이라 하더라도 그들의 자유를 건드리는 것
을 조금도 참을 수 없었던 것이다. 이때 크세르크세스는 그리
스에 대항해서 싸울 준비를 갖추면서, 더 이상 사신을 보내지
않았다.

  그렇지만 스파르타 사람들은 페르시아의 사신에게 가했던
나쁜 짓으로 인하여 행여나 페르시아의 신(神)에게 벌을 받을까
봐 두려워했다.[8] 그리하여 그들은 신의 마음을 누그러뜨리기 위
해서 두 사람의 사신을 크세르크세스에게 보내기로 결정하였
다. 라케데모니아 출신의 스페르테스와 불리스가 차출되어 속
죄의 임무를 맡고 페르시아로 떠났다. 도중에 그들은 인다르네
스에 있는 페르시아의 궁전에 당도했다. 그곳은 소아시아의 해
안 도시였는데, 총사령관이 그곳을 다스리고 있었다. 크세르크
세스는 총사령관에게 다음과 같은 요지의 말을 했다. 즉, 크세
르크세스는 총사령관에게 그리스의 사신을 대하게 되면 이전
에 다리우스 왕의 사신을 죽인 데 대한 보복 조처를 내리라는
것이었다. 총사령관은 스페르테스와 불리스에게 경의를 표하며
호화롭게 대접하였다. 이때 그는 두 명의 사신에게 무엇 때문에
왕의 호의를 그렇게 격렬하게 거절하였는가 하고 물었다.

  "내 말을 이해해 다오, 스파르타인들이여," 하고 총사령관은

---

8. (원주) 여기서 페르시아의 신은 무술의 신 탈티비오스(Thalthybios)를 지칭하
   고 있다.

말했다. "크세르크세스 왕은 가치 있는 사람들을 몹시 귀하게
여긴다네. 만약 왕에게 굴복하면, 그대들도 왕의 호의를 얻게
될 걸세." "이 문제에 관해서," 하고 두 명의 라케데모니아인은
말했다. "당신은 우리에게 아무것도 충고할 수 없을 것입니다.
당신은 어떤 선(善)을 기대하며, 그게 마치 왕의 호의라고 믿고
계시는군요. 그렇지만 당신은 우리가 누리는 선을 알지 못하고
있소. 자유가 어떠한 맛인지, 얼마나 달콤한지 모를 것이오. 만
약 당신이 그것을 맛보았다면, 우리에게 창과 방패뿐 아니라 이
와 손톱으로써 그것을 지키라고 충고했을 것이오." 스파르타인
들은 이로써 대답해야 할 것을 말했다. 다시 말해, 쌍방은 제각
기 교육받은 대로 자신의 입장을 주고받았던 것이다. 총사령관
은 자신의 삶에 자유가 없다는 사실을 한탄할 수 없었다. 왜냐
하면 그는 지금까지 자유를 누려 본 적이 없었기 때문이다. 이
에 반해서 두 명의 스파르타인은 자유를 익히 체험한 바 있었
다. 그렇기 때문에 스파르타인들은 노예 상태로 전락하는 것을
도저히 참아낼 수 없었던 것이다.

또 한 가지 예를 들어 보자. 카토(Cato)는 우티카 지방에서 살
고 있었다.[9] 그가 미성년자였을 때, 카토는 독재자 술라(Sulla)
와 교우하였다.[10] 좋은 가문의 아이들에게 가정교사가 따라다니

---

9. 카토: 로마 공화정 말기의 정치가. 그는 키케로를 도와서 카탈리나의 무리
를 진압하였으며, 카이사르의 야심에 반대하여 폼페이우스를 도왔다. 스키
피오 장군이 죽자, 카토는 스스로 목숨을 끊었다.
10. 술라(BC. 138-78): 로마의 정치가. 기원전 82년부터 79년까지 통치하였다.
미트리다테스가 원로원에서 마리우스에게 정권을 빼앗기자, 술라는 무력을
사용하여 로마를 점령하였다.

던 것은 당시의 통례였다.[11] 카토는 고귀한 가문 출신이었고, 술라와 인척 관계에 있었기 때문에 항상 독재자의 궁전을 들락거릴 수 있었다. 독재자 술라는 무고한 사람들을 감옥에 가두고, 형벌을 가하며, 귀양 보내거나 잔인하게 학살했다. 카토는 얼마 동안 이를 먼발치에서 지켜보아야 했다. 말하자면, 그는 로마 시민들의 소유권이 어떻게 몰수당하는가를 직접 목격했던 것이다. 사람들은 주위에 도움을 청했지만, 이는 받아들여지지 않았다. 한마디로 소년 카토는 시의 행정 관리가 아니라 독재자가 어떠한 일을 저지르는지 분명히 바라보았다. 그곳은 법정이 아니라 독재정치의 생산 공장, 바로 그것이었다!

어느 날 소년은 그의 가정교사에게 말했다.[12] "나의 옷 속에 단도를 숨겨 놓으려 합니다. 술라가 기상하기 전에 가끔 그의 침실로 향하니까요. 나의 팔뚝은 이 도시를 해방시킬 만큼 강합니다." 폭군을 살해하려는 그의 의도는 참으로 카토다운 것이었다. 용기 있는 삶이란 무엇을 위하여 죽는 것과 마찬가지로 보람 있는 일이다. 그렇지만 그가 태어난 나라의 이름과 그의 이름 카토를 내가 여기서 거론하는 이유는 무엇일까? 이에 관해서 우리는 간단하게 대답할 수 있다. 카토는 로마가 자유로울 때 태어난 로마의 영웅이었다. 물론 나는 어떤 지역 출신이 무엇을 결정하고 어떤 보람 있는 일을 감행할 수 있다고 주장하는 것은 아니다. 노예 상태는 어디서든 쓰라리고, 자유는 모든 나라에서 달콤하다!

---

11. 라 보에시는 플루타르코스의 『영웅전』을 참조했다.
12. 카토(BC. 94-46)의 가정교사는 사르페돈이었다.

우리는 멍에를 지고 태어난 사람들을 안타까운 마음으로 동정해야 한다. 그들은 밝은 자유를 처음부터 알지 못하고 있다. 노예로 태어난 자들이 무지몽매에서 벗어나지 못하고 노예 상태의 불행에 대하여 모르고 있다는 점을 우리는 용서해야 한다. 예컨대 호메로스는 다음과 같이 말하고 있다. 즉, 태양은 반년 동안 어느 특정한 곳을 떠나지만, 어둠의 나라에서 6개월간 끊임없이 비치고 있다는 것이다. 그런데 삶이 6개월이 아니라 "독재"라는 끝없는 어둠으로 지속된다고 가정해 보자. 그렇다면 끝없는 밤 동안에 태어난 사람들은 결코 빛에 관해서 들어본 적이 없으며, 한 번도 찬란한 햇빛을 경험하지 못했을 것이다. 그들이 빛을 그리워하지 않는다고 해서 우리가 놀라워해서는 안 될 것이다.[13]

자고로 인간은 여태껏 한 번도 가져 보지 않은 무엇 때문에 한탄하지는 않는 법이다. 만약 과거에 겪었던 찬란한 기쁨의 삶을 기억한다면, 인간은 주어진 불행을 제대로 의식할 수 있다. 만일 과거로 사라진 즐거움에 대한 기억이 있다면, 현재의 좋지 못한 상태는 그제야 비로소 제대로 인지될 수 있다. 정말 그렇다. 인간은 본성, 기질, 천성에 의해 자유로우며, 자유롭게 되려고 한다. 그렇지만 여기에는 한 가지 조건이 붙는다. 그것은 다름 아니라 인간이 교육에 의해 배워 온 관습을 지니고 있다는 사실이다. 교육받고 익숙하게 된 모든 일들은 마치 처음부터

---

13. 플라톤은 『국가(Politeia)』에서 이 같은 상황을 어떤 지하 동굴의 상으로 비유하고 있다. 말하자면 어릴 때부터 "유사상(類似像)"을 보아 온 죄수는 그것을 실상으로 착각하고, 또 다른 세계를 떠올리지 않는다.

주어져 있는 일감처럼 보인다. 그러나 이러한 일들은 어느 한 사람의 임의에 의해 정해진 것이다. 인간의 기질이나 본성은 처음부터 상대적인 것인데도 불구하고, 대부분의 사람들은 이것을 변하기 어렵고 천성적으로 주어진 것이라고 여기고 있다. 이는 참으로 유감스러운 선입견이 아닐 수 없다.

이와 관련하여 다음과 같은 결론이 도출될 수 있다. 인간의 자발적 복종에 대한 첫 번째 근거는 습관이다. 인간의 순응 과정은 말(馬)의 태도와 같다. 사람들은 처음에는 고삐를 당기고 물어뜯지만 나중에는 얌전하게 변하는 말과 다를 바 없이 변한다. 안장이 등에 얹힐 때, 말들은 난폭하게 이를 팽개치지만, 길들여진 다음에는 안장을 단 채 경쾌한 걸음으로 걷는다. 사람들은 지금까지 신하로 살아왔으며, 그들의 조상도 그렇게 살았다고 말한다. 그렇기 때문에 그들은 불행한 삶을 하나의 의무로 생각하고, 심지어 의무를 위한 삶을 자랑하기도 한다. 이로써 독재자의 소유권은 더욱 공고하게 된다. 그러나 실제로 장기 집권은 어떠한 부정도 정당화시키지 못한다. 그것은 부도덕하고 부정한 짓거리를 확대시킬 따름이다.

그래도 몇몇 사람들은 압제를 놓치지 않고 직접 피부로 체험한다. 그들은 다른 사람보다 나은 재능을 발휘하여 주어진 부자유의 속박을 벗어나려고 한다. 이러한 유형의 사람들은 굴복당하는 것을 아주 싫어한다. 오디세우스가 땅과 바다 건너 자신의 집에서 피어오르는 굴뚝 연기를 망보았듯이, 몇몇 사람들은 마음속 깊이 천부적인 권리를 깨달으려는 충동을 지니고 있다.[14] 그리하여 그들은 조상들과 같이 옛날 사람들이 견지했던 자유를 회상하곤 한다. 고결한 생각과 맑은 정신을 지닌 사람들은 일반 대중들보다 더 많은 것을 통찰하는 눈을 지니고 있다. 이들에 비하면 민중은 직접 코앞에 닥친 사실만을 진실로 받아들인다. 그들은 그 이전과 그 배후의 사실에 대해 주의를 기울이지 않으며, 현재를 판단하고 미래를 예측하기 위해서 과거의 사실을 떠올리려고 하지 않는다.

그러나 자유가 완전히 파괴되어 땅 위에서 모조리 사라져 버렸다면 어떨까? 그렇게 된다면 좋은 두뇌를 지닌 사람들은 탐구와 사색으로써 오로지 그들의 정신세계에서 자유를 찾아 내어 그것을 창조할 것이다. 왜냐하면 그들은 마음속으로 자유를 느끼며, 그것을 포착하고 있기 때문이다. 물론 그들 역시 오류를 저지르곤 한다. 주위 사람들이 노예 제도를 화려하게 미화하며 찬양한다고 하더라도, 노예로 살아가는 것은 도저히 참을 수 없는 일이었다.

책과 학문은 개개인에게 무엇보다도 자아에 대한 의식을 불러일으키며, 사람들로 하여금 독재자를 증오하게 만든다. 위대한 술탄은 이러한 사실을 너무나 잘 알고 있었다. 그렇기 때문에 위대한 술탄이 지배하는 나라에는 학자들이 살지 않았다. 술탄 스스로 학자를 전혀 원하지 않았기 때문이다. 자유에 대한 열정과 자유에 대한 사랑은 비참한 시대에 술탄에게 항복한 사람들의 마음속에 아직 남아 있었지만, 어떠한 영향력도 끼치지 못했다. 위대한 술탄에게 항복한 부족의 수는 엄청났지만, 부족 간

---

14. 이는 서양 문학에서 수없이 인용되는 대목이다.

에는 서로 교류가 없었다. 왜냐하면 위대한 술탄은 모든 부족들이 서로 교역하고 소통하며, 심지어 생각하는 일조차도 모조리 금지했기 때문이었다. 술탄에게 항복한 모든 부족 사람들은 아예 생각조차 하지 말아야 했다.

이와 관련하여 우리는 하나의 에피소드를 첨가할 수 있을 것이다. 즉, 불의 신 불카누스가 인간을 만들 때, 조소의 신 모모스(Momos)는 그를 마구 비웃은 적이 있다. 여기에는 나름대로 그럴 만한 이유가 있었다. 말하자면, 불카누스는 인간의 마음속을 읽을 수 있도록 가슴 부위에다가 속을 들여다볼 수 있는 구멍 하나를 달아 주지 않았기 때문이다.[15]

브루투스(Brutus)와 카시우스(Cassius)는 로마, 정확히 말하자면 폭정 치하의 온 세계를 해방시키기 위하여 카이사르를 암살하는 일에 착수했다.[16] 이때 그들은 공공복지 사업의 위대한 열광자인 키케로(Cicero)를 거사에 가담시키지 않으려고 하였다. 이는 무엇을 뜻하는가? 두 사람은 키케로의 의지가 굳세다고 믿었지만, 키케로의 용기를 신뢰하지는 않았다. 그들은 키케로의 마음이 아주 나약하다고 여겼다.[17] 역사를 탐구하는 자는 다

---

15. (원주) Erasmus, *Adagia*, Homo satisfacere. (역주) 에라스뮈스의 『아다기아』는 고대의 격언과 기독교 성서에 나타난 격언을 모은 책이다. 이 책은 1500년에 처음으로 간행되었다가 1515년에 다시 개정되었다.

16. 그 밖에 카스카(Casca) 역시 언급되고 있다.

17. (원주) Plutarch, *Lebensbeschreibung Ciceros*, Kap. 53. 마르쿠스 이우니우스 브루투스(BC. 85-42): 로마의 정치가, 카이사르 암살의 주모자. 일명 "나이 어린 브루투스"라고 불린다. 기원전 49년에 내란이 일어나자 폼페이우스를 지지하였고, 기원전 44년에 카시우스(?-BC. 42)와 함께 카이사르를 암살하였다.

음의 사실을 분명히 발견할 수 있다. 만약 사람들이 순수한 용기와 곧은 정신으로써 나쁜 지배자로부터 나라를 해방시키려고 한다면, 거사는 항상 성공한다는 사실 말이다. 이러한 성공은 사람들의 도움으로 실현되는 자유 그 자체임에 틀림없다. 행복은 하르모디오스(Harmodios), 아리스토게이톤(Aristogeiton), 트라시불로스(Thrasybulos), 나이 많은 브루투스(Brutus der ältere), 발레리우스(Valerius) 그리고 디온(Dion) 등이 그들의 굳센 마음속에 상상했던 것을 실제로 바꾸어 놓았다.[18] 왜냐하면 상기한 사람들은 참된 목적과 순수한 의지를 발휘하여 과감히 행동한 뒤에 자유라는 행복을 맛보았기 때문이다.

나이 어린 브루투스와 카시우스는 다행스럽게도 노예 제도를 청산한다. 마침내 그리던 자유가 도입되었을 때, 그들은 목숨을 잃는다. 그러나 그들은 비참하게 죽은 것은 아니었다. (두 사람은 살아 있을 때나 죽은 뒤에나 항상 비참했다고 말하는 것은 그들의 위대성을 중상모략 하는 태도일 것이다!) 분명히 말해 브루투스와 카시우스의 죽음은 거대한 손실, 영원한 재앙, 공화국의

---

18. 하르모디오스: 기원전 5세기 당시의 시인. 아테네의 참주, 페이시스트라토스의 아들 힙파르코스를 암살하였다. 아리스토게이톤: 하르모디오스와 함께 거사를 꾸민 사람이다. 트라시불로스(BC. 455-388): 아테네의 장군. 그는 펠로폰네소스 전쟁 당시 30명의 참주를 피해 테베로 도주하였다. 다시 아티카로 돌아와서 폭군을 처단하였다. 그 이후 아테네 재건에 많은 공을 세웠다. 나이 많은 브루투스(?-BC. 77): 로마의 호민관, 브루투스의 아버지이다. 푸블리우스 발레리우스 포플리콜라(?-?): 기원전 509년경에 고대 로마의 왕을 물리치고 네 번에 걸쳐 총독직을 맡았다. 디온(BC. 409-354): 시라쿠사의 귀족이며 플라톤의 열광자였다. 플루타르코스와 코르넬리우스 네포스는 디온에 관한 이야기를 글로 남겼다.

완전한 몰락을 가져왔으며, 로마의 공화정은 그들과 함께 무덤 속에 매장되고 말았다.

로마 황제를 없애려는 그 이후의 모든 노력은 순전히 공명심에서 비롯된 결심에 불과하다. 반란자들의 신상에 일어난 불행 때문에 그들이 동정 받을 수는 없을 것이다. 즉, 그들은 결코 전제 정치를 없애려 하지 않았고, 그저 특정의 독재자를 다른 특정의 독재자로 교체하려고 하였다. 그들은 폭정을 붕괴시키는 것을 구실로 삼았으나, 실제로는 폭정을 보존하는 데 기여한 셈이다. 나로서는 그들이 성공하지 못한 게 기쁘다. "자유"라는 고귀한 이름은 결코 모반이라는 비열한 의도에 남용될 수 없다. 나는 그들이 이 사실을 증명한 데 대해 내심 만족하고 있다.

6. 군주의 술책 ― 유희적 인간

 이제 나는 앞에서 서술한 내용을 다시 한 번 개진하려고 한다. 인간의 자발적인 복종에 대한 첫 번째 근거는 다음의 사실에서 발견된다. 즉, 인민이 노예 신분으로 태어났고, 노예로 길러졌다는 게 바로 그것이다. 이러한 첫 번째 근거로부터 다음의 사항이 추론될 수 있다. 즉, 인간은 독재 치하에서 필연적으로 비겁하고 연약해진다는 것이다. 의술의 아버지 히포크라테스(Hippokrates)는 이 사실을 조심스럽게 가르쳐 주었는데, 나는 그에게 깊은 감사를 드린다. 그는 『질병에 대하여』에서 독재 치하에서 비겁하고 연약해지는 인간성을 언급했다.[1] 위대한 의사 히포크라테스는 용기를 지닌 사람이었고, 가장 고결한 방법으로 그의 용기를 드러낸 바 있다.
 어느 날 페르시아의 왕이 히포크라테스를 신하로 끌어들이기

---

1. 라 보에시는 히포크라테스의 논문 「공기, 물, 흙의 특성에 관하여」에서 상기한 내용을 인용하였다. Hippokrates, "Über Luft, Wasser und Bodenbeschaffenheit," II, 64ff, 84ff.

위하여 높은 관직과 선물로 유혹한 적이 있었다. 이때 그는 솔
직하게 다음과 같이 답했다. 그리스인들을 죽이려는 생각만 머
릿속에 가득한 이방인을 치료한다는 것은 양심이 허락하지 않
으며, 자신의 조국을 억압하려는 어떤 사람에게도 자신의 의술
을 이용할 수 없다고 말이다. 페르시아 왕에게 보낸 히포크라
테스의 편지는 그의 저서의 부록에 실려 있는데, 위대한 의사의
강인한 마음과 고귀한 지조를 영원히 입증하고 있다.[2]

인간이 자유를 잃으면, 용기 또한 상실한다. 노예로 살아가는
인민들에게는 투쟁 욕구도 없고, 강인함도 없다. 독재자는 일반
사람들의 의지와는 반대로 얼마든지 그들을 괴롭힐 수 있다. 일
반 사람들은 완전히 경직되어 있으며, 자유의 불길은 그들의 마
음속에서 활활 타오르지 않는다. 원래 자유를 품은 사람은 어
떠한 위험도 아랑곳하지 않고, 동지들과 함께 고귀한 명예를 위
해서 장렬하게 자신의 몸을 바치려고 생각하지 않는가? 자유로
운 인간들은 고결하게 투쟁하며 싸워 나간다. 그들은 가능하다
면 만인과 자기 자신의 안녕을 위해서 각자 싸운다. 그리하여
그들은 패배의 불행 혹은 승리의 행복을 서로 나눈다. 이에 반
해서 노예들에게는 투쟁의 용기도 없고, 다른 모든 사람들의 안
녕을 위한 생기 넘치는 희생적 충동력도 없다. 노예들은 소심하

2. 오늘날 통용되고 있는 히포크라테스의 선서 가운데에는 다음과 같은 구절
이 있다. "나는 인류, 종교, 국적, 정당, 정파 또는 사회적 지위 여하를 초월
하여 오직 환자에 대한 나의 의무를 지키겠노라." 그러나 이는 엄밀한 의미
에서 히포크라테스의 고유한 주장은 아니다. 히포크라테스의 선서는 현대에
이르러 이른바 "적십자정신"과 뒤섞인 채 히포크라테스의 견해로부터 완전
히 벗어나 버렸다.

고, 나약하며, 위대하게 행동할 능력을 지니고 있지 않다. 그래, 독재자들은 이를 분명히 꿰뚫어 보고 있으리라. 만약 인민이 노예로 변화되는 과정에 있다면, 독재자는 그들을 더욱더 느슨하고 무기력하게 만들기 위해서 온갖 조처를 취할 것이다.

가장 중요한 그리스 역사가 크세노폰(Xenophon)은 자신의 책 『히에론』에서 다음과 같이 묘사한 적이 있다.[3] 시모니데스 (Simonides)는 시라쿠사의 독재자 히에론(Hieron)과 독재 치하의 끔찍한 불행과 비참함에 관해 서로 대화를 나눈다.[4] 이 책은 훌륭하고도 진지한 경고로 가득 차 있는데, 최고의 기품으로 서술된 것이다. 이 땅의 모든 전제군주들은 부디 이 책을 읽고 반성의 거울로 삼기 바란다. 그리하여 그들이 자신에게 붙어 있는 사마귀 같은 오점을 발견하고 부끄러움을 느끼기를 진심으로 바란다. 이 책에서 크세노폰은 다음과 같이 말한다. 전제군주들은 필연적으로 모든 사물과 인간에 대해 두려워해야 한다. 왜냐

---

3. 크세노폰(BC. 431-350): 그리스의 역사가, 작가. 그는 소크라테스를 존경하고 소피스트들을 혐오하여 이를 자신의 글 속에 반영하곤 하였다. 플라톤과는 달리 사변적이 아니라 실제 현실에 구체적인 관심을 기울였으므로, 특히 로마 시대에 커다란 영향을 끼쳤다.

4. 크세노폰은 자신의 가장 독창적인 책 『히에론(Hieron)』에서 철학자 시모니데스를 등장시킨다. 시모니데스는 독재를 맹렬히 비판한다. 놀라운 것은 크세노폰이 독재자의 입장에서 그들의 심적 상황을 예리하게 묘사하고 있다는 점이다. 가령 독재자는 인간적 기쁨, 우정 그리고 사랑을 누릴 수 없으며, 권력 유지를 위해서 어쩔 수 없이 현명한 철학자를 두려워하고, 양심 있는 자를 증오해야 한다. 크세노폰의 서적은 에라스뮈스에 의해서 1530년 바젤에서 라틴어판으로 간행되었고, 라 보에시 역시 이 책을 접한 것으로 추측된다. 라 보에시는 크세노폰의 책 『오이코노미코스(οικσνομικος)』를 직접 번역한 바 있다고 하지만, 전하지는 않는다. 크세노폰의 책에는 영지 관리에 관한 그의 독창적인 내용이 대화 형식으로 기술되어 있다.

하면 그들은 자연에 해를 가하고 인간에게 나쁜 짓을 저지르는 데 익숙하기 때문이다. 나아가 크세노폰은 다음과 같이 말한다. 사악한 왕들은 다른 지역의 용병들을 전쟁터에서 싸우도록 조처한다. 만약 억압당하던 자신의 백성들이 무기를 들게 되면, 행여나 반란을 일으킬까 두려운 나머지 그러한 조처를 취한다는 것이다.[5]

　[물론 외국 군인을 채용하는 선량한 왕들도 있었다. 예를 들면, 프랑스 왕들은 오늘날보다도 더 빈번하게 용병을 모집하였다. 이렇게 조처를 취한 데에는 어떤 다른 목적이 있었다. 그들은 자국민을 보호하려고 하였고, 그들을 전쟁터로 보내는 것보다는 돈을 탕진하는 게 더 낫다고 생각했다. 내가 잘못 생각한 게 아니라면, 위대한 스키피오 아프리카누스도 그러하였다.[6] 그는 다음과 같이 말했다. "나는 수백의 적을 없애는 것보다, 한 명

5. 가령 크세노폰의 『히에론』에는 다음과 같이 씌어져 있다. "또한 말할 게 있어, 시모니데스. 이건 결코 하찮은 게 아니야. 왕들도 일반 사람들처럼 쾌활한 자들, 정의로운 자들 그리고 현명한 자들을 알고 있다네. 일반 사람들이 그들을 사랑한다면, 왕들은 그들을 두려워해야 해. 쾌활한 자들에게 권좌를 빼앗기지 않기 위해서 노력해야 하고, 현명한 자들이 모반 계획을 세우지 않도록 해야 하며, 정의로운 자들이 신하들과 결탁하여 왕궁을 떠나지 않도록 조처해야 한단 말일세. (…) 왕들이 이러한 사람들을 처단해 버리면, 과연 누가 남게 될까? 결국 남아 있는 사람들은 부정한 자들, 방종한 자들 그리고 아첨 떠는 자들일 거야. 부정한 자들은 타인으로부터 미움을 사지 않도록 자기 자신을 보호하기 위해서 권력에 복종하지. 방종한 자들은 어디서든 자신이 쓸모 있도록 하기 위해서 권력에 복종하고, 노예들은 자유를 모르니까 권력에 복종하거든. (…) 그뿐 아니야. 왕은 한편으로는 인민의 생존을 보장해 주어야 해. 그렇지 않으면, 왕권은 없는 것이나 마찬가지니까. 왕은 다른 한편으로는 가급적이면 자신의 인민을 억압해야 해. 왕은 인민이 힘을 얻는 걸 방치하지 않고, 무기를 소지하도록 하지도 않아. 대신에 낯선 자들로 하여금 인민을 다스리게 해. (…) 왕은 결코 인민들이 잘 살고 번영하는 데 기쁨을 느끼지 않아. 가난할수록, 인민은 더욱더 허리를 굽히니까."

의 동포를 구하려고 합니다."][7]

그렇지만 만약 신하들 가운데에서 한 명이라도 공명정대한 자가 있다면, 폭군은 자신의 권력이 완전히 안전하다고 장담할 수는 없다. 왜냐하면 공명정대한 신하는 폭군에게 직언을 할 것이기 때문이다. 테렌티우스(Terenz)의 작품에 등장하는 트라손은 어느 코끼리 사육사를 다음과 같이 비난한다.[8] "네가 맹수들을 관리한다고 해서, 과연 너 자신이 용맹스러운가?"[9]

백성을 우둔하게 만드는 전제군주의 책략이 아마도 리디아

---

6. 스키피오 아프리카누스(BC. 236-184): 로마의 장군. 카르타고의 한니발을 무찌르고, 제2차 포에니 전쟁을 승리로 이끌었다. 그는 도량이 넓고, 문화와 예술을 사랑하였다. 나중에 르네상스 시대에 페트라르카는 라틴어 서사시 「아프리카」에서 그를 숭상하였다.

7. 이 대목은 불필요한 오해를 피하기 위해서 나중에 라 보에시에 의해 첨가된 것으로 추측된다.

8. 테렌티우스(BC. 186-159): 플라우투스 이후 가장 위대한 로마의 희극 작가. 원래 그는 노예 출신이었다. 로마 원로원의 테렌티우스 루카누스는 그의 재능에 감복하여, 그를 교육시킨 뒤 자유인의 신분을 주었다고 한다. 그리스 희극은 주로 플라우투스와 루스키우스에 의해 라틴어로 번역되었다. 전자는 번역시에 창조적 각색을, 후자는 원전을 중시하였다. 테렌티우스의 「환관」은 기원전 161년에 씌어졌다. 루스키우스는 테렌티우스가 원전을 오염시켰다고 강하게 비난했다. 가령 「환관」은 그리스 극작가 메난드로스의 희극을 각색한 작품이다. 그런데 테렌티우스는 이 작품에다 메난드로스의 「식객」에 등장하는 두 인물을 마음대로 집어넣었다는 것이다. 그러니까 한 작품 속에 원저자의 두 작품의 내용이 뒤엉켜 있다는 게 루스키우스의 주장이었다.

9. (원주) Terenz: "Eunuch," 제3막, 1장, 415행. 인용문은 테렌티우스의 「환관」에 등장하는 문장이다. 원문은 다음과 같다. "Theason es ferox, quia habes imperium in bestias?" 라 보에시는 이 문장을 다음과 같이 번역해서 사용하고 있다. "Pour cela si brave vous êtes/Que vous avez charge des bêtes."

인민에 대한 키로스의 조처만큼 분명히 드러난 적은 없을 것이다.[10] 키로스는 어진 왕 크뢰수스를 친절히 대접한 뒤에 감옥에 집어넣어 버렸다. 그러고 난 뒤에 그는 리디아의 수도 사르데스를 무력으로 점령했다. 사르데스 주민들은 이에 대해 불만을 품고 크고 작은 반란을 일으킨다. 처음에 키로스는 무력으로 반란을 진압하려고 생각한다. 그렇지만 그는 아름다운 도시를 파괴하고 약탈하거나, 수비군을 배치하지 않기로 결심한다. 대신에 키로스는 사르데스에 많은 사창가, 술집 그리고 도박장을 설치하게 했다. 그런 다음 주민들로 하여금 이러한 시설을 이용하도록 온갖 별스러운 착상을 고안해 낸다. 그것은 무장 봉기를 일으킬지 모르는 리디아 사람들로 하여금 다른 곳으로 관심을 돌리게 만드는 계략이었다.

리디아의 선량한 사람들은 키로스에게 속아 넘어갔고, 급기야는 키로스의 요구에 따라, 방탕한 삶에 빠지게 된다. 나중에 그들은 오로지 유희 외에는 아무 생각도 하지 않는다. 라틴어를 사용하는 사람들은 "리디(Lydi)"라는 글자에서 "루디(Ludi)"라는 낱말을 창안하였다.[11] 이로써 모든 종류의 오락은 "리디아"라는 명칭에서 파생하게 된다. 물론 모든 독재자들이 인민들을 유약한 존재로 만들겠다고 노골적으로 공언하지는 않았다. 그렇지만 대부분의 독재자들은 어떠한 형태든 간에 키로스

10. 키로스(BC. 600-529): 페르시아 제국의 건설자. 소아시아, 바빌로니아, 아시리아 등을 점령하고 영토를 확장하였다.
11. (원주) 이 내용은 헤로도토스의 책 『역사』에 기술되어 있다. 다음 책과 비교하라. Herodot, *Historiae*, I, 86, 154-156. (역주) Ludi: 라틴어로 오락이라는 뜻. 불어로는 lydi, 독일어로는 Lüdi이다.

의 교활한 술수를 은밀하게 이행하였다.

언제나 거대한 집단을 이루는 도시 인민들은 다음과 같은 소시민적 성격을 지닌다. 즉, 인민은 그들을 사랑하는 자를 믿지 않고, 그들을 속이는 자를 신뢰한다.[12] 인민들은 속임수에 의해 노예 상태로 머물며, 너무도 수월하게 속는다. 어떠한 새도 그렇게 경솔하게 그물에 걸리지 않고, 어떠한 물고기도 그렇게 탐욕적으로 성급하게 미끼를 덥석 물지 않을 것이다. "키스하려면, 입에다 꿀을 바르라"라는 속담이 있다. 인민에게 그런 식으로 아첨하면, 인민은 너무나 쉽게 속아 넘어간다. 그렇다. 독재자가 인민에게 아양 떨면서 거짓된 희망을 불러일으키면, 인민은 너무나 신속하게 이를 따르곤 한다.

의식을 마비시키는 것은 극장, 유희, 광대극, 연극, 검투사의 싸움, 이국적인 동물, 훈장과 휘장, 조각 작품 등과 같은 것들이다. 이러한 것들은 고대사회에서 인민을 노예 상태에 있도록 유혹하였다. 그것들은 인민의 자유를 조르는 띠이며, 폭정의 도구들이다. 고대의 독재자들은 백성들이 노예의 멍에 아래에서 자신의 의식을 잃도록 하기 위하여 이러한 술책과 마취제를 사용하였다. 우둔하게 된 인민은 이러한 놀음을 심심풀이로 즐긴다. 인민은 덧없이 사라지는 공허한 오락에 현혹된다. 그들은 말하자면 알록달록한 그림책에 끌려 글 읽기를 배우는 아이들보다 더 끔찍하게 이용당한다. 인민은 정말로 어리석고도 비참한 결

12. 이는 동서고금을 막론하고 타당하다. 독재자 숭배는 단 한 번 히틀러 치하의 독일에 존재한 게 아니라, 오늘날 남한에서도 존재하고 있다. 예컨대 "박정희의 카리스마를 그리워하는 일부 국민들"을 생각해 보라.

과로서 노예 상태로 길들여지는 것이다.[13]

물론 로마의 독재자들은 이와는 약간 달리 행동했다. 그들은 10년 집권을 축하하는 파티를 개최하였다. 이로써 그들은 오로지 배불리 먹는 일에 혈안이 된 천민들을 철저히 이용했던 것이다. 천민들 가운데 영리한 자가 있었다면, 그는 아마도 수프 그릇을 내팽개치면서 대신에 플라톤이 묘사한 이른바 공화국의 자유를 선택했을 것이다. 독재자들은 조세로 비축한 곡식들 가운데 4분의 1에 해당하는 분량, 포도주와 돈 가운데 6분의 1에 해당하는 분량만을 인민에게 나누어 주며, 마치 선심을 베푸는 것처럼 행동하였다. 아무것도 모르는 인민들은 독재자를 마치 자선가로 생각하며, "대왕 만세"를 부르짖을 뿐이었다. 어리석은 바보들은 조금도 진실을 알아차리지 못했던 것이다. 그들은 원래 자신에게 속했던 재화 가운데 불과 일부만을 돌려받는데도 불구하고, 이를 그저 왕의 호의로 착각했던 것이다. 만약 인민의 재화를 처음부터 빼앗지 않았다면, 독재자는 약간의 물건도 던져 줄 수 없었을 것이다. 그렇지만 이 사실을 깨닫는 사람

---

13. 16세기 중엽부터 라 보에시의 문헌은 과히 폭발적으로 영향을 끼쳤다. 이미 언급했듯이 「자발적 복종」의 라틴어 필사본은 1574년에 간행되었고, 이듬해에 불어판으로 간행되었다. 4년 후, 1579년에 스테파누스 유니우스 브루투스(St. J. Brutus)라는 익명의 작가는 「폭정에 대항하는 정의(Vindiciae contra Tyrannos)」라는 선동적인 글을 간행했는데, 여기서 우리는 라 보에시의 영향력을 짐작할 수 있다. 한 구절을 인용해 보자. "폭군은 명예와 법을 귀히 여기는 남자들을 저주하며 박해한다. 또한 그들을 의심하며, 자신의 손아귀에서 벗어나지 못하도록 온갖 조처를 취한다. 폭군은 도덕을 보편적으로 파괴해야만 스스로 편안하다고 여긴다. 그래서 그는 (마치 사르디니아 사람들을 조종하던 키로스 왕처럼) 식당, 술집, 홍등가 그리고 그 밖의 공공연한 유흥 시설을 만든다."

들은 그리 많지 않다. 오늘날에도 몇몇 사람들은 던져 주는 푼돈을 모아서, 이른바 인민을 위한 빈민 급식소에서 주린 배를 채우곤 하지 않는가?

어리석은 인민들은 술과 음식을 목까지 가득 채운 채 티베리우스(Tiberius)와 네로(Nero)를 열렬하게 찬양했으며, 양쪽 턱에 걸린 음식물 사이로 그들의 숭고한 자비심을 노래하곤 하였다. 그러나 그 다음날 무슨 일이 발생했던가? 인민은 단 하루 만에 지금까지 고생하면서 어렵사리 모은 물건과 재물을 독재자에게 빼앗겼고, 독재자의 성욕을 위해서 아들과 딸을 몸종으로 바쳐야 했으며, 위대한 로마 황제의 잔악함을 위해서 스스로 피 흘려야 했다. 이러한 고초를 당하면서 인민의 입은 돌처럼 굳어지고, 인민의 몸은 나무 막대기처럼 뻣뻣하게 변하게 된다.

비천한 인민은 항상 그러하다. 그들은 아무런 지조 없이 그저 향락에 자신의 몸을 던져 버린다. 즐거움을 고결하게 향유할 능력은 그들에게 처음부터 주어져 있지 않다. 비천한 인민은 불법과 이로 인한 고통에 둔감할 뿐이다. 그들은 그저 압제의 고통을 감내하는 것을 하나의 명예로 생각한다. 만약 오늘날 사람들이 폭군 네로가 말하는 것을 듣고 있노라면, 아마도 순식간에 전율에 사로잡힐 것이다. 그의 이름은 추악한 괴물, 세상의 구역질 나는 페스트균을 연상시키지 않는가? 네로의 삶은 그의 죽음과 마찬가지로 가련한 것이었다. 그럼에도 불구하고 로마의 이른바 고결한 시민들은, 방화 살인자, 망나니, 거친 맹금과 다름없는 네로가 사망했을 때, 시민들에게 베푼 그의 유희와 축제를 떠올리며, 하마터면 그의 죽음을 애도할 뻔했다고 한

다. 이를 우리에게 보고해 준 사람은 실제로 선량하고, 세인으
로부터 존경 받고 신뢰 받던 역사가 타키투스였다.[14]

일찍이 로마 시민들이 율리우스 카이사르의 죽음에 대해 어
떻게 반응했던가? 카이사르는 생전에 법과 자유를 제 마음대로
파기했으며, 좋은 점이라고는 거의 찾아볼 수 없는 악랄한 인물
이었다. 그럼에도 로마 시민들은 그의 위대한 인간성을 찬양하
고 그의 죽음을 몹시 애도했다. 추측컨대 오늘날의 사람이라면
이를 몹시 기이하게 여길 게 분명하다. 그런데 문제는 가장 악
랄한 폭군의 잔혹성보다도 더 끔찍했던 것이 바로 카이사르에
대한 로마 시민들의 찬양이라는 사실이다. 왜냐하면, 진실로 말
하건대, 폭군들은 오랜 시간에 걸쳐 노예근성이라는 달콤한 독
을 로마 시민들에게 마시도록 조처했기 때문이다.[15] 카이사르의
낭비벽, 관대함, 연회석은 인민들로 하여금 오랫동안 달콤한 맛
을 즐기게 하였다. 로마 시민들은 공공시설로 설치해 둔 나무
의자에서 나온 장작을 포개어 쌓고서는 엄숙한 마음으로 그를
태워 재로 화하게 하였다. 그 후에 그들은 기둥을 세우고, 거기

---

14. (원주) Tacitus: *Historiae*, I, 4. (역주) 타키투스는 역사를 냉철하고도 객관
적으로 서술한 역사가로 잘 알려져 있다. 그럼에도 그는 자신의 역사서에다
"네로 치하의 로마 시민들은 가장 행복한 시대를 보냈다"고 기술하는 등 체
제 옹호적인 발언을 서슴지 않았다.

15. (원주) Sueton, *Lebensbeschreibung Caesars*, Kap., 84-88. (역주) 가이
우스 수에토니우스: 로마의 전기 작가, 전통 문화 연구가. 그의 책 『뛰어
난 사람들에 관하여(*De viris illustribus*)』, 『황제들의 생애에 관하여(*De vita
Caesarum*)』 등이 유명하다. 특히 후자의 책은 초기 황제 11명의 소문과 추문
등을 흥미 있게 기술하고 있다. 수에토니우스의 언어는 간결하고 꾸밈없는
것으로 정평이 나 있다.

다가 (묘비명이 그대로 말해 주듯이) "인민의 아버지"라고 새겨 넣었다. 이러한 명칭은 이 세상 아무에게도 주어져서는 안 되고, 오로지 카이사르를 죽인 사람에게 주어져야 마땅했는데도 말이다.

　로마의 황제들은 자기 자신에게 호민관이라는 명칭을 부여했다. 이를 망각한 황제들은 거의 없었다. 왜냐하면 호민관이라는 직책은 신성불가침의 성스러운 것으로 간주되었고, 인민을 보호하고 방어하기 위해서 오래 전부터 제정된 것이었기 때문이다. 따라서 호민관은 처음부터 국가로부터 특별 보호를 받는 직책이나 다름없었다. 이로써 황제들은 마치 명칭 하나만으로 인민의 신뢰감을 보장 받을 수 있는 것처럼 착각하였다. 그렇지만 그것은 다만 명칭에 불과했고, 실제로 그들은 이와는 전혀 달리 행동하였다. 오늘날에도 권력을 지닌 자들은 마구잡이로 불법을 자행하면서, 이른바 공공의 안녕, 인민을 위한 허울 좋은 "모델"로써 그것을 은폐하고 있다.[16] 이러한 짓거리는 옛날의 그것보다 심했으면 심했지, 결코 나아졌다고 말할 수는 없다. 〈롱가여, 당신은 많은 곳에서 교묘하게 사용되는 문장들을 잘 알고 있다. 그렇지만 이러한 교묘함만으로는 충분하지 않다. 왜냐하면 거기에는 너무나 뻔뻔스럽고 무례한 내용으로 가득 차 있기 때문이다.〉[17]

　나중에 메더 지방을 차지한 아시리아의 왕은 가급적이면 공

---

16. 라 보에시는 여기서 마키아벨리의 『군주론』을 거론하고 있는 것 같다.
17. 〈 〉 부분의 글은 라 보에시가 라틴어로 직접 기술한 것이지만, 나중에 프랑스어 번역본에서 수정되거나 몽테뉴에 의해 삭제된 것이라고 한다.

개적으로 자신의 몸을 드러내지 않았다고 한다. 이는 지극히 의도적이었다. 가급적 자신의 몸을 드러내지 않으면, 천민들은 왕이 초능력을 지니고 있다고 섣불리 믿었다는 것이다. 실제로 천민들은 이를 신봉했다. 말하자면 왕은 일반 사람들이 외형에 따라 판단할 수 없는 사물들에 대해 어떤 미신을 떠올리곤 한다는 사실을 교활하게 이용한 셈이었다. 이러한 비밀에 자극받아서 아시리아의 지배하에 있던 수많은 부족들은 오랫동안 그 왕을 섬기고 살았다. 그들은 자신이 섬기는 분이 한 사람인지도 몰랐다. 수많은 부족 사람들은 지배자가 누구인지 얼굴도 모르는 채 그를 마치 신처럼 숭상하였으며, 거의 자발적으로 충성을 다하며 살았다고 한다.

고대 이집트의 왕들은 미라가 되기 전에는 백성들 앞에 나선 적이 거의 없었다. 꼭 필요한 경우 그들은 담당 마술사가 조처하는 대로 고양이 탈, 야자나무 잎, 혹은 머리 위에 불을 단 채 신하들 앞에 모습을 드러내곤 했다. 그렇게 해야 신하들이 무의식적으로 왕에 대한 경외심과 경탄을 지닐 수 있었다는 것이다. 만약 그렇게 어리석거나 아양 떨지 않는다면, 신하들은 왕의 기이한 모습에 조소를 터뜨릴 텐데 말이다. 과거의 독재자들이 자신들의 권력을 다지기 위하여 어떠한 수단을 사용했는가를 살펴보면, 측은한 마음 금할 길 없다. 그들은 인민에게 올가미를 씌우고, 사악한 의도로 그들이 걸어가는 길목에 덫을 놓곤 하였다. 과거의 독재자들은 너무나 비열한 방식으로 인민을 기만해 왔다. 그리하여 그들은 인민으로 하여금 극심한 굴욕감을 느끼게 했을 뿐 아니라, 인민을 철저히 조롱해 왔다.

고대 사람들이 왕들의 속임수를 사실이라고 받아들인 데 대해 뭐라고 말해야 할까? 옛날 사람들은 피루스(Pyrrhus von Epirus) 왕의 엄지발가락이 기적을 행하고 이른바 비장병(脾臟病)에 해당하는 우울증을 고친다고 굳게 믿었다. 사람들은 전해 내려오는 거짓된 이야기를 아름다운 동화로 꾸몄다. 즉, 피루스가 죽은 후 사람들은 그의 시신을 화장했는데, 그의 발가락만큼은 조금도 그슬리지 않은 채 잿더미 속에서 발견되었다는 것이다. 어리석은 인민들은 허위 사실을 직접 고안하거나 날조해 놓고는 나중에는 스스로 그것을 사실이라고 믿는다. 그러면 아무것도 모르는 사람들은 이를 기술하면서 다음과 같이 병기한다. 도시 사람들은 피루스의 전설을 듣고 박수 쳤으며, 천민들은 온갖 소문을 퍼뜨렸다고 말이다.[18] 베스파니우스는 로마에서 황제로 등극하기 위해 아시리아에서 알렉산드리아를 거쳤다. 이때 그는 기적을 행했다. 그는 전신마비 환자를 낫게 하고, 장님을 눈뜨게 했으며, 여러 가지 요술을 차례로 행했다고 한다.[19] 사실 그것은 속임수에 불과했다. 이를 모르는 자들은 왕이 눈뜨게 한 장님들보다도 더 눈이 먼 셈이다.

수많은 사람들이 자신에게 해악을 가한 자에게 복수하지 않고 그저 참고 살아간다. 이 사실에 대해 독재자 자신도 소스라치게 놀란다. 어리석은 사람들이 종교의 배후에 숨기 때문에,

---

18. 이를 처음으로 언급한 사람은 플루타르코스였다. Plutarch: "Lebensbeschreibung des Pyrrhus," Kap 2. 피루스(BC. 319-272): 고대 에피루스의 왕. 기원전 275년에 로마와의 싸움에서 패하여 마케도니아를 잃게 된다.
19. (원주) Sueton: *De vita Caesarum*, Kap. 7.

신성의 끝자락은 교묘하게 감추어진다. 이를 통해서 비열한 압제자들은 마치 어떤 신적 존재로 군림할 수 있었다. 만약 베르길리우스가 묘사한 시빌레의 말을 믿어도 좋다면, 살모니오스는 자신의 마차로 천둥을, 그리고 횃불로 번개를 흉내 내려고 했다. 이는 주피터를 희롱하고 인간을 기만하는 행위로 해석되었다. 그리하여 살모니오스는 지옥의 가장 깊고도 무시무시한 곳에 살면서 속죄해야 했다.[20]

> 살모니오스가 극심한 고통 속에 앉아 있는 것을 보았다,
> 천둥과 번개를 내리치며 주피터 흉내를 냈기에.
> 네 필의 말은 그를 싣고 도시를 지나 엘리스로 향했다.
> 거기서 그는 화염을 인민들에게 마구 던졌다,
> 그리하여 사람들이 그를 신으로 경배하도록.
> 번개와 천둥소리를 만들려고 하던 바보는
> 철을 매달아 말발굽 소릴 울리며 달렸다.
> 그렇지만 신의 천둥소리는 어두운 구름 속에서 나와
> 그를 때려 부셨다. (그래도 주피터는 역청에
> 타오르는 화염을 전혀 사용하지 않았다.)

만약 살모니오스가 바보짓에 대한 대가로 오늘날 지옥에서 녹초가 된다면, 종교의 이름으로 몹쓸 짓을 저지르는 사람들은 그곳에서 그보다 더 끔찍한 형벌을 받게 될 것이다.

---

20. 이는 베르길리우스(BC. 70-BC. 19)의 불멸의 서사시 『아에네이스』에 묘사되어 있다. Virgil, *Aeneis*, VI, 585-594.

우리 프랑스에는 하늘이 두꺼비, 백합꽃, 성스러운 향료 그릇 그리고 고대 프랑스 왕기(王旗) 등과 같은 흰색으로 뒤덮여 있다. 과거의 국기들이 그 자체 어떤 의미를 지니고 있든 간에, 나는 그것들이 지니고 있는 고유한 의미를 의심하지는 않는다.[21] 왜냐하면 현세 프랑스인이든 우리의 선조이든 간에 우리에게는 주어진 신앙심을 거부할 이유가 없기 때문이다. 우리의 왕들은 평화기에는 선량하게 살았고, 전쟁 시에는 용감하게 싸웠다. 그들은 다른 일반 사람들과는 달리 왕으로 출생했다. 전지전능한 신은 왕들의 출생 이전에 이미 그들이 나라를 보존하고 다스리도록 그들을 점지해 주었던 것이다. 설령 그렇지 않다 하더라도 나는 우리 고대사의 참된 내용에 대하여 다짜고짜 시비를 걸고 싶지는 않다. 가령 나는 이에 대해 하나씩 논박을 가하여 고대 프랑스의 역사적 내용을 다룬 문학작품들의 주제라든가 즐거운 감흥을 손상시키고 싶지는 않다. 왜냐하면 이러한 작품들은 단순히 없었던 사실들을 가공하여 꾸민 것이 아니기 때문이다. 가령 롱사르(Ronsard), 바이프(Baif) 그리고 뒤 벨리(Du Belly) 등은 생동감을 느낄 수 있을 정도로 훌륭하게 고대의 역사를 기술하고 있다.[22] 그들은 프랑스어로 위대한 극작품들을 탄생시

21. 이하의 내용은 일종의 "풍자"로 이해될 수 있을 것이다. 그렇지 않으면, 독자는 글 속에 담긴 저자의 입장이 전체 주제와 약간 다르다는 느낌을 받게 될 것이다.
22. 피에르 드 롱사르(1524-1585): "플레야드(칠성시파)"의 대표적인 인물. 네 권으로 이루어진 『송가집』(1550), 『연애 시집』(1552) 등이 잘 알려져 있다. 종교전쟁 당시에 롱사르는 극단적 왕당파로 가톨릭 입장을 옹호하여 신교도의 적개심을 불러일으켰다. 장 앙트완 바이프(1532-1589): "플레야드" 가운데 가장 박식한 시인으로 『운문 작품집』(1573)을 남겼다.

켰던 것이다. 이를 감안한다면, 나는 고대 그리스 사람들과 로
마 사람들이 우리보다 먼저 태어났을 뿐 우리보다 더 낫다고
말할 수는 없다. 몇몇 프랑스 시인들이 기계적으로 운을 맞춘
다고 말한다면, 나는 프랑스 시문학에 대해 아주 커다란 잘못
을 저지르는 것인지도 모른다.[23] 우리의 시인들은 가치 있는 문
학작품을 만들었으며, 과거의 명성을 되찾기에 충분한 예술가
들이라고 나는 감히 말하고 싶다.

　되풀이해서 말하지만, 클로비스 왕에 관한 여러 가지 아름다
운 동화에 관해 말한다면, 나는 그들에 대해 부당한 짓을 가하
는 것인지도 모른다.[24] 더욱이 롱사르는 그의 작품 「라 프랑시
아데」에서 놀라운 재능을 발휘하여 과거 왕의 행적을 탁월하게
형상화하였다. 클로비스 왕의 능력, 그의 투철한 정신 그리고
그의 탁월한 기품 등은 롱사르에 의해서 다루어졌다. 마치 베르
길리우스가 "하늘에서 내려온" 로마인들의 성스러운 휘장을 찬
미했듯이, 롱사르는 프랑스의 "적색 왕기"에 세심한 주의를 기
울였던 것이다.[25] 위대한 프랑스 시인 롱사르는 에레히톤의 광
주리를 들고 있던 아테네인만큼 우리의 성스러운 향유 그릇을

---

23. 롱사르는 1572년에 서사시, 「라 프랑시아데」를 발표하였다. 여기서 그는
　　베르길리우스의 『아에네이스』를 모방하여 프랑스 건국을 서사시로 형상화
　　했다.
24. 여기서 라 보에시는 문학과 예술의 차원에서 롱사르의 서사시를 인정할
　　뿐, 「라 프랑시아데」에 등장하는 에로빙거 왕조의 클로비스 왕을 찬양하려
　　하지 않음을 분명히 하고 있다. 비록 클로비스가 프랑스 최초로 가톨릭을
　　신봉한 왕이라고는 하지만, 그 역시 독재자 가운데 한 사람이었기 때문이다.
25. 라 보에시는 이 대목에서 베르길리우스의 『아에네이스』 제8장 664행에 나
　　오는 구절을 지적하며, 이를 롱사르의 작품과 비교하고 있다.

성스럽게 다루었다.

　흔히 아테네 사람들은 성스러움을 얻기 위하여 미네르바의 탑에 서 있는 올리브 나무 곁으로 자연스럽게 모인다고 주장한다.[26] 이와 마찬가지로 롱사르는 훌륭한 언어를 구사하여 우리의 방패에 그려져 있는 왕의 모습을 생생하게 보여 줄 것이다. 그렇기에 내가 현존하는 프랑스 작가들을 혹평하고 이 문제를 거론한다면, 이는 참으로 무례한 짓일 것이다. 그럼에도 불구하고 나는 논의의 실마리를 이어 가려고 한다. 지금까지 나는 군주들이 어떻게 인민들로 하여금 자발적으로 복종하도록 애쓰는가를 언급하였다. 전제군주들은 자신들의 안전을 위하여 언제든지 인민을 길들이며, 그들이 공손하고 유순하게 복종하도록 한다. 이를 가능하게 하기 위해서는 천한 인민들로 하여금 아무것도 배우지 못하게 하는 게 필수적이었다.

---

26. 이러한 이야기는 오비디우스의 『변신 이야기』에 실려 있다. 다음 문헌을 참고하라. Ovid: *Metamorphosen*, II, 552ff.

7. 폭정의 근거와 신하

이제 나는 마지막으로 전제 정치를 받쳐 주고 지탱해 주는 지배의 비밀 내지 지배를 충동하는 대상을 설명하려고 한다. 만약 도끼를 든 자, 친위대원 그리고 파수병들이 전제군주들을 보호한다고 믿는다면, 그러한 사람은 엄청난 착각에 사로잡혀 있는 셈이다. 왜냐하면 군주들은 실제로 신뢰감 때문이라기보다는, 오히려 체면과 자존심 때문에 허수아비와 같은 파수병을 활용하고 있기 때문이다. 파수병들은 기껏해야 무기를 지니지 않은 어리석은 사람들이 궁성 안으로 함부로 발을 들여놓지 못하도록 버티고 서 있다. 그러나 그들은 거사를 일으키려고 완전 무장한 남자들을 결코 막아낼 수 없을 것이다.

로마 황제의 역사를 살펴보면, 우리는 다음의 사실을 발견하게 될 것이다. 즉, 황제들이 파수병의 도움으로 위기를 모면한 경우는 드물고, 오히려 자신의 파수병들에 의해 목숨을 잃은 경우가 많았다. 왜냐하면 어떠한 기마 부대, 보병 부대 혹은 어떠한 무장 병사라 하더라도 어떤 위험으로부터 폭군을 보호하지 못하기 때문이다. 아무도 믿지 않겠지만, 다음의 사항은 사실이다. 즉, 온 나라에는 불과 대여섯 명의 사람들만이 폭군을 지지하고 있으며, 오로지 그들만이 폭군을 위해서 수많은 인민들을 노예로 부리고 있다. 폭군에게 항상 귀를 기울이며 그의 의견에 따르는 자는 불과 대여섯 명의 신하에 불과하다. 이들은 무자비한 짓을 도우는 협력자로 군림하기 위하여, 오락의 동료가 되기 위하여, 음탕한 짓거리의 뚜쟁이가 되기 위하여, 온갖 약탈의 수혜자가 되기 위하여 전제군주에게 알랑거린다. 그들은 요구된 것보다 더 빈번하게 자발적으로 권력에 몸 바치려고 폭군에게 다가간다.

대여섯 명의 신하들은 폭군을 철저하게 가르쳐서, 그로 하여금 이른바 개인적 감정에서가 아니라 공동의 이익을 위해서 야비한 짓을 저지르도록 유도한다. 그들은 항상 군주에게 공동의 이익을 주지시킨다. 여섯 앞잡이들은 제각기 이러한 조직으로부터 이익을 얻을 수 있도록 육백 명의 부하를 거느리고 있다. 이 육백 명은 다시금 자신의 수하에 육천 명의 부하를 거느린다. 이들은 지방 총독으로 일하면서 인민들로부터 과도한 세금을 징수한다. 하급 신하들은 적어도 상급 신하들과 마음을 맞추고 있는 한에서는 자신의 지위를 활용하여 얼마든지 탐욕스럽고도 무자비한 행패를 부릴 수 있다. 설령 그들이 재판에 회부되고 형벌을 받을 위기에 처한다고 하더라도, 그들은 자신의 힘으로 재판을 거부할 수 있고, 틀림없이 선임자인 상급 신하의 비호를 받게 될 것이다. 이를 위해서 수많은 호위병들이 하급 신하의 뒤를 따르게 된다.

만약 누군가 장난삼아 이러한 모든 혼란을 해결하려고 시도
한다면, 그는 어떤 놀라운 사실을 발견하게 될 것이다. 즉, 대여
섯 명, 혹은 육천 명이 아니라 육백만 명이나 되는 사람들이 전
제군주의 한 가닥 끄나풀에 매여 있다는 사실을 말이다. 이렇듯
독재자는 호메로스가 자랑한 제우스처럼 신하들과 인민들을
악용하고 있다. 가령 제우스는 자신이 마음만 먹으면 언제든지
모든 신들을 속박하고 굴복시킬 수 있다고 호언장담한 바 있
다.[1] 이는 카이사르의 통치 아래 원로원의 세력이 거대해진 것
과 같은 경우이다. 원로원 내에서는 끊임없이 새로운 지위가 고
안되고 새로운 행정 체계가 생겨났다. 이는 법의 제정과 실행 문
제를 혁신하기 위함이 아니라, 폭정을 공고히 하기 위함이었다.

한마디로 말해서, 많은 사람들은 독재자의 비호를 받으며 전
리품을 챙기기를 원한다. 그리하여 독재를 통해 이윤을 챙기려
는 사람들의 수는 마치 자유를 사랑하는 사람들의 수만큼이나
대대적으로 확장된다. 자고로 인간의 신체에서 나쁜 피는 항상
곪아 가는 상처 부위로 집결하기 마련이다. 마찬가지로 왕이 전
제 정치를 행하면, 그의 주위에는 온갖 쓰레기 내지 거품과 같
은 인간들이 모인다. 그들은 대부분의 경우 소인배나 속물들이
아니다. 그들은 불타는 공명심과 놀라운 탐욕으로 독재자를 도
우려고 한다. 그렇게 해야만 그들은 착취한 이득의 일부를 얻을
수 있으며, 거대한 독재자 아래에서 작은 폭군들로 군림할 수

---

1. 이는 실제로 호메로스의 서사시 『일리아스』에 묘사되어 있다. Homer: *Ilias*,
   VIII, 19-29행을 참고하라. 여기서 제우스는 신들로 하여금 트로이와 그리스
   의 싸움에 개입하지 말라고 경고하고 있다.

있다. 그리하여 마구 날뛰게 되는 자들은 거대한 도둑 떼와 악명 높은 해적들이다. 일부는 나라를 정찰하고, 일부는 여행자들을 급습한다. 한 패는 뒤쪽에 숨어 있고, 다른 한 패는 모든 것을 엿보고 있다. 한 패가 살인을 저지르는 동안, 다른 한 패는 망을 보고 있다. 이들 사이에는 한 가지 차이만이 존재한다. 즉, 한 패는 간신들이고, 다른 한 패는 강도 두목들이라는 점이 그러한 차이이다. 그리하여 그들은 훔치고 빼앗은 물건들을 지위에 맞게 나누어 가진다. 가령 시리아의 해적들은 거대한 도당을 이루고 있었으며, 수많은 강력한 도시국가들과 동맹을 맺고 있었다. 도시국가의 권력자들은 해적들이 무사히 귀환하고 보물을 은닉할 수 있도록 도와주었다. 대신에 권력자들은 노획물의 일부를 받아 챙기곤 하였다. 로마는 이러한 해적들을 모조리 소탕하기 위하여 유명한 폼페이우스를 그곳으로 파견해야 했다.[2]

　이렇듯 도시국가의 권력자와 해적의 관계는 전제군주와 신하들의 관계와 다를 바 없다. 전제군주는 신하들을 후원함으로써 그들로 하여금 노예근성을 익히게 하였다. 그리하여 신하들은 전제군주 한 사람을 옹호하게 된다. 만약 군주가 그들을 파수병으로 세우지 않았다면, 그들은 군주의 측면에서 볼 때 마땅히 경계해야 할 사람들이다. "나무를 쪼개려면, 우선 나무에서

2. (원주) Plutarch, "Lebensbeschreibung des Pompeius." (역주) 당시 해적선은 1,000척이 넘었고, 400개 이상의 도시가 해적에 의해 점령당했다. 폼페이우스는 정예 병선 80척을 이끌고 해적을 소탕한다. 그는 해적을 죽인 게 아니라, 어느 특정한 곳으로 이주하게 하여 그곳에서 농민으로 살아가도록 조처한다. 다음의 책을 참고하라. 『플루타르크 영웅전(II)』, 이성규 옮김, 현대지성사, 2000, 1154-1161쪽.

쐐기를 빼내야 한다"는 속담이 있다. 문제는 왕을 비호하는 자, 저열한 포리(捕吏) 내지 파수병에게 있는지 모른다. 어쩌면 몇 몇 사람들은 이들의 행위를 관대하게 대하자고 주장할 수도 있을 것이다. 그렇지만 신과 인간으로부터 버림받은 이러한 족속들이 결코 자신에게 가하는 군주의 폭력에 보복하기 위하여 사악한 짓을 저지르는 것은 아니다. 오히려 그들은 자신과 마찬가지로 고통당하면서도 저항할 줄 모르는 자들만을 골라 불법을 저지르곤 한다. 이들은 인민을 억압하고 불법을 자행함으로써 이득을 창출해 낸다. 이러한 짓거리를 행하기 위해서 그들은 독재자를 향하여 칭송의 목소리를 높인다. 이러한 더러운 인간들을 바라볼 때마다, 나는 그들의 사악함에 대해 깜짝 놀라곤 한다.

그러나 다른 한편으로 그들의 어리석음에 대해 측은한 마음도 떠오르곤 한다. 왜냐하면 독재자에게 가까이 다가서는 것은 자신의 고유한 자유로부터 멀어지는 것을 뜻하며, 온 생명을 바쳐 스스로 노예가 되겠다는 태도를 의미하기 때문이다. 만약 착취자의 심부름꾼들이 공명심을 버린다면, 자신을 바라보고 인식하기 위하여 자신의 탐욕을 억제할 수 있다면, 그들은 다음과 같은 사실을 깨닫게 될 것이다. 즉, 마치 수인 내지 노예로 간주되어 짓밟힘을 당한 농부들과 머슴들이 그들에 비해 훨씬 더 행복하고 어느 정도 자유를 누린다는 사실을 말이다. 가령 시골의 노동자와 수공업자들은 노예 상태로 생활한다. 그렇지만 그들은 일을 끝맺은 뒤에는 최소한 그들의 노동에서 약간 벗어날 수 있다.

폭군은 자신에게 알랑거리며 총애를 얻으려고 하는 족속들을 바라본다. 신하들은 스스로 원치 않는 일을 행해야 할 뿐 아니라, 폭군이 무엇을 원하는가를 곰곰이 생각해야 한다. 그들은 폭군을 만족시키기 위해서 폭군의 마음보다 앞서 모든 것을 간파해야 한다. 그에게 복종하는 것만으로는 충분하지 않다. 신하들은 폭군의 마음에 들도록 항상 노력해야 한다. 때로는 자신을 학대하고, 때로는 모든 시중을 감수하며 죽음까지 무릅써야 한다. 폭군의 유흥을 준비하는 일은 신하의 몫이다. 즉, 신하들은 향락적인 연회를 개최하여 폭군을 만족시키고 황홀하게 해야 한다. 어쩌면 이러한 유흥은 그들의 고유한 기질을 억압하고 천부적인 재능을 거부하고 방해하는 것이다. 신하들은 항상 통솔자의 말을 넋을 잃고 들어야 하며, 그의 눈짓에 따를 눈을 가지고 있어서 언제나 그를 살펴보아야 한다. 손과 발로써, 눈과 귀로써 그의 속마음을 알아차리기 위해서 항상 대기하고 있어야 한다.

그렇게 사는 인간이 과연 행복할 수 있을까? 요컨대 인간이 그렇게 살 수 있단 말인가? 과연 신하의 삶을 삶이라고 부를 수 있는가? 나는 지금 용기 있는 사람이나 고귀한 성품을 지닌 사람들이 아니라, 평범한 얼굴을 지니고, 정상적인 사고력을 지닌 어떤 사람들에 관해서 논하고 있다. 그와 같은 비참한 삶을 영위해도 괜찮단 말인가? 평범한 사람들은 오로지 자신만을 소유할 뿐이다. 그럼에도 그들은 독재자 한 사람에게 자신의 자유, 육체 그리고 삶을 떠맡기고 있다. 다만 눈앞의 이익에 혈안이 되어, 지위를 얻으려고 그에게 복종하려고 한다. 그러나 자신의 것을 한 번도 주장해 본 적이 없다. 그렇기에 그들은 자신의 소유물을 되찾을 수 있다고 생각하지 못한다. 물론 그들의 뇌리에 "폭정하에서는 재산을 취할 수 없다"는 사실이 떠오르지 않는 것은 아니다. 그렇지만 평범한 사람들은 이를 금방 잊어버린다. 그들은 재산을 빼앗는 모든 능력을 전제군주에게 떠넘겨 주었지만, 이 사실을 까마득히 망각하고 있다.[3]

그러나 그들은 부자들만이 전제군주의 잔인한 행위에 굴복당한다는 것을 알고 있다. 무엇인가를 함부로 소유하는 죄는 독재자의 눈에는 죽어 마땅한 죄로 비친다. 그래, 독재자는 재산을 가장 좋아한다. 그는 마치 백정이라도 되는 양 살찌고 비대한 부자들을 쥐도 새도 모르게 죽여 버린다. 그래서 신하들은 폭정하에서 축재한 사람보다는, 재산을 긁어모았다는 이유로 군주에 의해 목숨 잃은 사람들을 더 많이 생각한다. 다시 말해, 신하들은 과연 자신들도 부를 계속 유지할 수 있을까 자문하며 항상 전전긍긍한다.

---

3. 논의에서 벗어난 이야기이지만, 군주에 대한 신하의 태도는 사도 마조히즘으로 요약될 수 있다. 군주에 대한 굴복은 차제에 무의식적으로 군주에 대한 보복으로 돌변할 수 있다는 것을 생각해 보라. 신하의 전형적 노예근성은 하인리히 만(Heinrich Mann)의 소설 『신하(*Der Untertan*)』에 그대로 묘사된 바 있다.

8. 외로운 전제군주

만약 고대사를 세밀하게 읽으면, 우리는 다음의 사실을 알 수 있을 것이다. 즉, 처음에는 많은 사람들이 왕의 야비함을 이용하거나 왕의 우둔함을 간교하게 악용하지만, 결국 바로 그 왕에 의해 섬멸된다는 사실 말이다. 그들의 출세는 쉽게 이루어질 수 있다. 그러나 그들은 오랫동안 불안에 시달리다가, 종국에 이르러 몰락을 맞이한다. 만약 간신들 가운데 누군가 왕에게 아부하기 위하여 남 몰래 어떤 일을 획책하지 않았다면, 결국 자기 자신이 파멸에 이르는 불행을 당하지 않았을 것이다. 일반적으로 왕의 총애를 받는 자는 왕을 위하여 동료에게 해를 가한다. 그러나 그 역시 왕에 의해 완전히 몰락한다. 물론, 만일에 전제군주가 품행이 바른 사람을 총애했다면, 이 사람은 도리와 예절에 어긋나지 않게 행동했을 것이며, 악한 사람의 마음속에 최소한 존경심을 불어넣어 줄 수 있었을 것이다.

세네카(Seneca), 부루스(Burrhus) 그리고 트라세아(Thrasea)의 운명이 생각난다. 이들 가운데 두 사람은 네로와 아주 밀접

하게 지내다가 불행을 당한다.[1] 네로는 자신의 행정 업무를 그
들에게 맡겼으며, 그들을 소중히 대접하고 사랑했다. 그들 가운
데 한 명은 네로를 직접 가르쳤으며, 그와 깊은 우정을 맺고 있
었다.[2] 그렇지만 세 사람 모두 비참한 최후를 맞이했다. 그들의
죽음은 사악한 황제의 호의가 최소한 자신의 목숨마저 보장해
주지 않는다는 사실을 증명하고 있다. 네로는 인민을 싫어하고,
오직 복종만을 요구하였다. 그는 자신의 존재를 가련하게 생각
했으며, 결국 국가를 몰락하게 한다. 이러한 독재자에게서 어떻
게 우정 어린 마음씨를 기대할 수 있겠는가?

　탁월한 세 사람이 항상 선(善)만을 행했기 때문에 불행을 맞
이했다고 생각해서는 곤란하다. 만약 그렇게 생각하는 사람이
있다면, 네로가 처했던 주위 환경을 살펴보기 바란다. 사람들은
온갖 사악한 수단을 사용하여 황제의 총애를 얻으려고 몸부림
치다가 마침내 총애를 얻지만, 이는 결코 오래가지 못했다. 네
로가 포파에아를 사랑한 것보다 더 자유분방하고 끈기 있게 그
리고 정열적으로 사랑한 남자가 이전에 있었던가? 그럼에도 그
는 어느 날 그녀를 잔인하게 독살했다.[3] 네로의 어머니 아그리

---

1. 여기서 두 사람은 세네카와 부루스를 가리킨다. 부루스와 세네카는 기원후
　54년 클라우디우스가 암살된 다음 권력의 정상에 올랐다. 그러나 나중에 두
　사람은 비극적 최후를 맞이한다. 이에 관해 타키투스는 다음과 같이 말한다.
　"인간의 역사에서 힘없는 (지식인의) 권력보다 더 불안정한 것은 없다."
2. 세네카(BC. 4-AD 64)를 가리킨다. 트라세아 파이루스는 네로의 정치에 반대
　하며 공직에서 물러나 친구들과 함께 영혼의 불멸에 관해 토론하며 소일했
　다. 트라세아는 네로를 혐오했지만 역모를 일으키지는 않았다. 그럼에도 그
　는 억울하게 형장의 이슬로 사라진다.
3. 여기서도 라 보에시는 수에토니우스의 책 『황제들의 생애에 관하여』와 타

피나는 자신의 아들이 로마제국을 자유로이 다스리게 하기 위하여 남편인 클라우디우스를 죽였다. 어머니는 아들에게 필요한 일이라면 어떠한 일, 어떠한 행동도 마다하지 않았다. 그런데도 그녀가 젖을 먹이고 나중에 황제로 등극시켜 준 바로 그 아들은 지속적으로 어머니를 살해하려고 했다. 이로써 어머니 아그리피나는 끝내 독살 당한다. 물론 세상 사람들은 아그리피나가 자신의 운명대로 죽었다고 말할지 모른다. 누가 형벌을 내리든 간에, 남편을 살해한 여자인 그녀는 반드시 보복당했어야 한다는 것이다.[4] 그렇다면 클라우디우스 황제는? 그는 악의 없고 유순한 멍청이가 아니었던가? 일찍이 메살리나에서 그보다 더 여자에게 정신을 빼앗긴 자가 있었던가? 그럼에도 그는 망나니 네로에게 아내의 목숨을 넘겨주었다.

사람들은 어리석기 때문에 항상 독재자를 용서한다. 그러나 나는 어째서 그렇게 용서하는지 이해할 수 없다. 만약 독재자의 잔혹함에 대해 깊이 생각하고, 스스로 만족하는 것보다 더 분명한 의식을 지니고 있었다면, 사람들은 독재자의 잔악무도한 행위를 충분히 감지할 수 있었을 것이다. 칼리굴라(Caligula)는 어느 여자를 뜨겁게 사랑했고 그녀 없이는 도저히 살아갈 수 없다고 믿었다. 하지만 칼리굴라는 그녀의 너무나 아름다운 상

키투스의 『연감』을 참고하고 있다. Sueton: *De vita Caesarum*, Kap. 14, Tacitus: *Annalen*, XVI, 6.
4. 이는 고대 그리스 비극의 핵심적 모티프로 작용하는 것이다. 가령 아이스킬로스의 비극 「오레스테스」는 인간 역사에서 그대로 반복된다. 물론 살해 동기는 다르지만, 클뤼티메스트라는 남편 아가멤논을 독살하는데, 나중에 아들 오레스테스에 의해 살해당한다.

반신을 바라보며 그녀의 비위를 맞추면서도 다음과 같이 말했
다고 한다. "내가 명령만 내리면, 이렇게 아름다운 당신의 목도
단칼에 잘려 나갈 것이오."[5]

  이는 또한 어째서 많은 고대의 독재자들이 그들의 간신들에 의
해서 살해되었는가에 대한 이유이기도 하다. 이들은 독재정치의
본질을 알았고, 독재의 권력이 남용되는 만큼 독재자의 총애 역시
오래가지 않는다는 사실을 알고 있었다. 도미티아누스(Domitian)
는 스테파누스(Stephanus)에 의해서, 코모두스(Commodus)는
그의 첩들 가운데 한 사람에 의해서, 카라칼라(Caracalla)는 마
리누스(Marinus)에 의해서 제각기 살해당했다.[6] 권력의 중심부
에서는 이러한 일이 비일비재하게 발생한다. 이는 무엇을 반증
해 주는가? 독재자는 누구를 사랑하지도, 누구로부터 사랑받을
수도 없다.[7]

  우정을 맺는 것은 성스러운 일이다. 그것은 고결한 사람들 사

---

5. (원주) Sueton: 앞의 책, Kap. 33. (역주) 칼리굴라(12-41): 로마의 황제인 그
   는 여동생 드루실라를 뜨겁게 사랑하였다. 그녀는 사후 디바 드루실라로 신
   격화되었는데, 여자가 신으로 격상되는 것은 로마 역사상 거의 유례가 없었
   다.
6. (원주) Sueton: 앞의 책, Kap 17. Herodian, I, 54; IV, 23f. (역주) 도미티아누
   스(51-96): 로마의 황제. 그는 아내 도미티아 롱기나의 음모로 살해당했다.
   코모두스(180-192): 로마의 황제. 방탕한 생활 끝에 살해당함. 일설에 의하
   면 검투사 나르키수스가 그를 살해했다고 한다. 카라칼라(188-217): 로마의
   가장 잔인한 폭군으로 알려져 있다.
7. 그렇기에 시인 유베날리스(Juvenal)는 다음과 같은 시를 썼다. "왕들 가운
   데 상처 입지 않고 피 흘리지 않은 채 체레스 여신의(Ad generum Cereris sine
   caede et vulnere pauci)/사위가 되는 자 드물며 평화로운 죽음을 맞이하는 자
   또한 드물다(Descenduni reges, et sicca morte tyranni)."

이에서만 그리고 상대방을 존경하는 데서 생겨날 수 있다. 우정은 선(善)에 의해서 그리고 깨끗하고 고결한 품행에 의해서 유지된다. 친구의 성실성을 아는 자는 그 친구를 신뢰하게 된다. 우정을 보증하는 것은 선량한 인격과 정직이며, 변하지 않는 마음이다. 잔인한 행동이 광란하는 곳에, 불신이 팽배한 곳에, 그리고 부정이 널리 퍼져 있는 곳에 우정은 절대로 존속되지 않는다. 죄악이 창궐할 때 친구 사이에는 배반이 발생한다. 이 경우 우정은 없고, 공범자만 있을 뿐이다. 이 경우 사랑은 없고, 오로지 공포감만이 존재한다.

과연 독재자가 인민으로부터 사랑받을 수 있는가 하는 물음에 대해서는 이미 앞에서 충분히 설명했다고 생각된다. 독재자는 모든 사람 위에 군림하고 있으므로 친구가 없다. 그는 항상 자신의 상태가 변하지 않는 데 유일한 행복을 느끼며, 우정의 영역 밖에서 살고 있다. 그런데 도둑들 사이에는 정직함, 이른바 "범죄자의 의리"라는 유명하고도 특이한 성질이 있다. 도둑들은 서로를 평등한 존재라고 생각하므로, 노획물을 분배할 때, 마치 형제처럼 나눈다. 만약 그들이 상대방을 귀하게 여기지 않는다면, 서로를 두려워할 것이다. 도둑들은 의견 대립으로 인해 자신의 세력이 약해지는 것을 원하지 않는다. 이에 비하면 전제군주의 간신들은 도둑들과는 완전히 다른 관계 속에 있다. 그들은 군주에게 다음과 같이 가르쳤다. 즉, 지배자란 제멋대로 행동할 수 있으며, 어떠한 침묵이나 구속 그리고 의무 사항도 주어지지 않는다고 말이다. 군주는 마음대로 법을 만든다. 군주는 모든 사람을 다스리는 주인이다. 따라서 사람들은 군주와 동등한 관계 속에서 친구가 될 수 없다. 이는 지금까지 수많은 실례를 보여 주고 있으며, 오늘날에도 독재자로 인해 수많은 위험이 온존하고 있다. 그럼에도 사람들은 다른 사람의 운명에서 무언가를 배워야 마땅할 텐데, 그렇게 하지 못하고 있다. 이는 얼마나 비참한가?

자발적으로 독재자 주위에 모인 신하들 가운데 어느 누구도 다음과 같은 우화를 생각할 만큼 영리하지도 대담하지도 않다. 즉, 여우는 병든 사자를 놀리면서 다음과 같이 말한다. "사자, 나는 즐겨 당신의 동굴로 찾아갔지만, 들어가길 망설였지. 당신에게 다가간 많은 동물의 흔적을 보았지만, 다시 밖으로 나온 놈은 한 마리도 없었거든."[8] 가엾은 신하들은 보물의 은은한 빛과 사치의 불꽃에 현혹되었다. 그들은 눈부신 광채에 휩싸였다. 그러나 그곳으로 들어가면 자신의 몸이 불꽃에 타죽는다는 사실을 깨닫지 못했던 것이다. 실제로 고대의 우화에 의하면 사티로스는 주둥이에 화상을 입기도 했다. 프로메테우스가 넘겨준 불에서 빛이 환하게 비치고 있었다. 사티로스는 너무도 아름다운 불에 키스하려고 입을 갖다 대었다가 그만 주둥이가 타서 이로 인해 목숨을 잃는다. 불나방 역시 빛나는 광채에 도취하여 불꽃 속으로 자신의 몸을 던진다. 나방은 불꽃에서 너무나 달콤한 희열을 열망하고 있지만, 죽기 직전에야 모든 것을 태우는 불의 또 다른 힘을 쓰라리게 경험한다. 중부 이탈리아의 시인은

---

8. 라 보에시는 이 동화를 플루타르코스의 글 「적으로부터 추출해 낼 수 있는 이득에 관하여」에서 인용하였다. Plutarch: "Über den Nutzen, den man aus seinen Feinden ziehen kann," II.

이와 같은 불꽃을 시적으로 노래한 바 있다.[9]

　간신들은 설령 군주에 의해 직접 교수형을 당하지 않는다 하더라도, 권력 승계자에 의해 피해를 입는다. 만약 후계자가 선한 사람이라면, 과거에 권력을 누리던 신하들은 변명을 늘어놓거나 그때부터라도 정의를 인정해야만 한다. 그러나 후계자가 악한 사람이라면, 신하들은 자신의 부귀영화를 완전히 포기해야 한다. 왕이 바뀌면, 기득권을 탈취하려는 새로운 간신들이 생겨나게 된다. 이들은 이른바 소장파로서, 노장파의 생명과 재산을 마구 빼앗으면서 만족해 할 것이다. 상기한 내용을 고찰한다면, 우리는 독재자 밑에서 신하로 일한다는 게 얼마나 위험한지를 깨달을 수 있다. 그럼에도 불구하고 수많은 사람들이 왜 다시 군주에게 가까이 다가가려고 몸부림치는지 나로서는 도저히 납득할 수 없다. 그들에게는 이미 형벌이 주어져 있지 않는가? 그들은 어떠한 가치도 남기지 않고 그냥 죽어 갈 순교자들이 아닌가!

　신하들은 독재자의 마음에 들도록 밤낮으로 고심해야 한다. 이 세상의 다른 어떤 사람들도 그들처럼 많이 걱정하고 경계심으로 시간을 보내지는 않을 것이다. 누가 어디에서 자신을 습격하고, 어떤 올가미를 씌울까? 누가 맨 먼저 배반할까? 등으로 고뇌한다. 신하들 가운데 몇몇은 동료의 안색에서 무언가를 알아차려야 하고, 정확히 귀를 곤두세우고, 눈을 부릅뜨고 있어야

---

9. 라 보에시는 여기서 이탈리아의 시인, 페트라르카의 소네트 17번을 암시하고 있다. "Edi âltri (…) nel foco, perchè splende/Provan l'altra virtù, quella che'ncende."

한다. 모두에게 미소 지으면서도 모두를 두려워해야 한다. 신하들에게는 뚜렷한 적도, 확실한 친구도 없다. 그들은 여유 있게 너털웃음을 짓지만, 마음은 항상 소스라치듯 굳어 있다. 결코 즐거운 삶을 보내지 않으면서 신하들은 한 번도 자신의 처지에 대해 슬퍼하지 않는다. 그들의 삶은 고난으로 가득 차 있다. 모든 고생과 불행을 근심스럽게 감내하는 그들은 결국 어떠한 대가를 얻는가? 이를 탐지해 본다면, 우리는 권력자에게 빌붙어 살아가는 일이 얼마나 끔찍한 것인지 알게 될 것이다.

9. 인민은?

　그렇다면 인민은? 인민은 독재자를 직접 고발하고 탄핵하려 하지 않고, 오히려 지배자를 조종하는 사람들을 더욱더 증오한다. 사람들은 공범자와 연루자의 모든 이름을 알고 있다. 나라 안의 모든 앞잡이와 영토 내의 모든 심부름꾼들은 모조리 잘 알려져 있다. 인민은 권력의 하수인들에 관해 이야기를 나눈다. 이로써 인민은 간신들을 저주하고 그들에게 천배의 고통이 가해지기를 애타게 바란다. 모든 기도와 소원은 착취자의 하수인들이 썩어 문드러지기를 갈구하고 있다. 인민은 그들의 모든 불행, 질병 그리고 굶주림 등이 간신들에 의해 비롯되었다고 생각하고 있다. 물론 인민은 가끔 그들을 공개적으로 찬양하기도 한다. 이때에도 인민은 마음속으로 간신들을 저주하고, 난폭한 짐승보다 더 격렬하게 그들을 혐오한다. 이것이 군주에게서 거두어들인 간신들의 명성과 명예의 특징이다.

　그러나 인민은 간신의 몸을 갈기갈기 찢고 토막낼 수 있다 하더라도 분을 참지 못할 것이다. 이러한 복수는 결코 인민이

겪은 고난을 충분히 변상해 주지 못한다. 죽은 뒤에도 간신들은 비방당할 것이다. 다음 세대들은 인민의 적이며 흡혈귀 내지 식인종이나 다를 바 없는 그들의 이름을 잉크로 더럽힐 것이다. 그들의 더럽혀진 명성은 수많은 책에서 수정될 것이다. 감히 더러운 말로 표현한다면, 후세 사람들은 죽은 자의 해골을 파괴할 것이며, 죽어서도 그들의 유골은 죄 많은 삶에 대한 형벌을 치러야 한다.[1]

배우자, 올바르게 행동하는 것을 배우자! 위를 향하여 응시하자! 우리의 명예를, 우리의 사랑을, 우리의 선을 위하여! 우리의 행동을 깨닫고, 우리의 오류를 바른 방향으로 인도하는 신의 사랑과 영광을 위하여! 내가 다음과 같이 말한다고 해서 나 자신을 속인다고 생각하지는 않는다. 즉, 신은 저 아래의 전제군주와 그 패거리들에게 어떤 특별한 형벌을 내릴 준비가 되어 있다. 왜냐하면 신은 다음의 사실을 잘 알고 있기 때문이다. 선량한 자와 신의 은총을 받는 자라면 누구든지 폭정을 가장 저주한다는 사실을 말이다.

---

1. 라 보에시의 이러한 표현은 호메로스의 서사시 『일리아스』에서 인용된 것이다. Siehe Homer, *Ilias*, I, 341. 이 대목에서 그리스의 영웅 아킬레우스는 파트로클레스에게 아가멤논 왕을 신랄하게 비난하고 있다. "저 무정한 왕 앞에서 내 증인이 되게 하게나/그는 진실로 사악한 마음을 품고 미쳐 날뛰며/앞뒤를 구분하지 못하니, 이래서야 어찌 아카이아인들이/그들의 함선에서 편안히 싸울 수 있겠는가?"

보론

1. 라 보에시의 문헌에 관하여[1]

호르스트 귄터[2]

에티엔 드 라 보에시의 자발적 복종에 관한 문헌은 도저히 해명할 수 없는 일면을 지니고 있다. 유년의 티를 채 벗지 못한 젊은이가 스스로 정치적 경험을 채 익히기도 전에 어떤 정치 이론서를 집필했다. 그것은 모든 것을 전복시키는 그야말로 혁명적인 정치 이론이 아닌가? 나아가 라 보에시의 문헌은 전통적인 면과 참신한 면을 동시에 지닌다. 라 보에시가 모든 이야기를 고대에서 끌어내고 있다는 점에서 그것은 전통에 입각해 있다. 그러나 그의 문헌은 다른 한편으로는 폭력을 행하는 독재 체제를 역사상 처음으로 분석하고 이를 해명한다는 점에서 무척 참신하다. 16세기 중엽에 누군가가 인간의 진정한 자유를 요구했다는 것을 생각해 보라. 그런데 이 자유는 종교적 자유, 세금 납

---

1. 이 글은 다음의 문헌에 실려 있다. Etienne de La Boétie: *Von der frei-willigen Knechtschaft*, Frankfurt a. M. 1980, S. 9-31.
2. 호르스트 귄터(Horst Güther): 1945년생. 베를린 자유대학에서 역사학과 정치학을 가르쳤다.

부 거부권이라든가, (성직자, 귀족, 평민 등으로 구성되는) 3부회의 권리를 요구하기 위한 게 아니었다. 오히려 정치적 자의식을 지닌 인민의 자유를 의미하는 것이었다. 지금으로부터 수백 년 전에 누군가가 동지애와 평등을 부르짖었던 것이다. 그런데 이러한 부르짖음은 폭력적인 광신에 입각한 것도 아니며, 그렇다고 해서 경건한 체하는 음흉한 인간의 그것도 아니었다.

라 보에시는 자발적인 복종의 개념을 더럽기 이를 데 없는 역사적 현실에 논쟁적으로 적용하고 있다. 사실 자발적으로 헌신하려는 행위는 고대 철학에서 "사랑에 관한 이타주의의 표현"으로, 중세철학에서는 봉건적 주종 관계로 설명되어 왔던 것이다. 라 보에시는 자의에 의해 권력에 굴복하려는 행위 속에서 놀라운 무엇을 발견한다. 폭군이 권력을 남용하고 폭력을 행하게 되는 까닭은, 라 보에시에 의하면, 바로 자발적으로 권력에 굴복하려는 인민의 태도에서 기인한다는 것이다. 자발적으로 굴복하려는 행위는 하나의 비밀이나 다를 바 없다. 라 보에시는 이러한 비밀을 예리하게 간파한다. 거대한 국가기구 내에서 기생하는 자들은 체제 내에 뒤엉켜 있고 사악한 뿌리를 내리고 있다. 많은 사람들은 주인과 노예 관계에 토대를 두고 있는 자기 파괴적인 불법적 메커니즘 속으로 자발적으로 기어 들어간다. 그리하여 그들이 강제적 체제에 봉사하는 일을 자청해서 떠맡는 까닭은 그렇게 하는 게 자신에게 이득이 된다고 믿기 때문이다. 라 보에시는 바로 이러한 심리 상태를 예리하게 밝혀 주고 있다.

라 보에시가 어떻게 이러한 글을 쓸 수 있었는가? 그의 생각

은 어디서 형성된 것이며, 어떻게 거기서 놀라운 견해를 도출해
낼 수 있었을까? 라 보에시는 고대 공화주의 사상과 자유로웠
던 고대 그리스 도시국가 그리고 로마 공화국에서 비롯하는 사
상적 단초들을 원용하고 있다. 라 보에시의 사상은 정확히 말
해 로마 공화정 시대의 마지막에서 초기 황제 시대로 이전될 무
렵에 태동한 첨예한 이념과 당시 사람들의 충격적인 사고에서
유래하는 것이다. 당시에 원로원의 오래된 관료들은 스토아 사
상을 신봉하고 있었다. 그들은 본의 아니게 야권 세력이 되어,
당시에 승리를 구가하던 군주제 지지자들과 다른 사람들에게
상처를 입혔다. 이는 하나의 당위로서 그칠 수 없는 것이었다.
눈앞의 모든 현실과 정치적 이성에 대항하여 그들은 다음과 같
이 주장했다. 즉, 한 사람의 지배는 인간의 품위를 낮추고 시민
들을 굴종하게 만든다는 것이다.

　상기한 내용은 지금까지 문학작품과 역사서들 속에 기술되어
있다. 동족상잔의 전쟁에 관한 루카누스(Lukan)의 작품,[3] [리비우
스(Livius)가 기술한 공화국과 대조되는] 초기 황제 시대의 암담한 역
사를 집필한 타키투스의 역사서 그리고 호민관 내지 자유를 추
구하는 영웅들을 그린 플루타르코스의 전기 등을 생각해 보라.
이러한 책을 섭렵한 사람이라면 아마도 일상적 삶의 경험에서
본질적 자유에 관한 사상을 얼마든지 떠올릴 수 있을지 모른

---

3. 본문에 언급되고 있는 "작품"은 고대 로마 시인 루카누스(?-65)의 10권으로
　이루어진 미완의 서사시 『내란(Pharsalia)』을 지칭한다. 이 작품에서 루카누
　스는 카이사르와 폼페이우스 사이의 싸움, 로마 공화정의 말로를 비판적으
　로 묘사하고 있다. 참고로 『참된 이야기』로 유명한 루키아노스는 루카누스
　보다 100년 후에 살았던 작가이다.

다. 그렇지만 진정한 자유에 관한 사상이 인간의 고유한 견해로서 인민에게 다가간 것은 먼 훗날의 일이었다. 가령 르네상스의 인간학은 인간의 고유한 권리를 각성시키도록 작용했던 것이다.

지오토(Giotto)와 피사노(Pisano) 이후의 화가와 조각가들은 고대의 석관에서 말 못할 괴로움으로 저지르는 어떤 폭력 내지 감정의 강인함과 내밀함 등과 같은 인간적 제스처를 발견해 냈다. 이는 약 1200년에 걸친 중세 시기 동안에 전혀 인식되지 못한 무엇이었다. 이제 르네상스 예술가들은 이러한 인간적 몸짓을 — 아비 바르부르크(Aby Warburg)의 표현에 의하면 — "파토스의 공식"으로 받아들여 예술 창조의 수단으로 적극적으로 사용했던 것이다.[4] 이탈리아 자유도시의 시민들은 단테 시대부터 비판적 정치의식을 키워 왔는데, 고대 그리스 작가들의 작품 속에서 과거 고대인들이 열광적으로 부르짖었던 여러 가지 개념들과 마주치게 된다. 이러한 개념들은 바로 인간의 자유와 인간의 고결한 품위를 지칭하는 것들이다. 정말로 고대인들은 만인의 평등을 완전히 실현하려고 했고, 우정과 동지애의 능력을 스스로 가꾸어 나가려고 했다.

이탈리아 자유도시의 시민들에게 자극을 가한 것은 위의 여러 가지 증거를 곁들인 필연적인 논리가 아니었다. 오히려 만

---

4. 아비 바르부르크(1866-1929): 독일의 미술사가. 그가 세운 함부르크 도서관은 1933년 영국으로 이전되었고, 지금은 런던 대학의 와버그 연구소가 되었다. 바르부르크는 15세기 피렌체 예술을 탐구했는데, 이는 중세 말기 고딕 취향이 르네상스의 고전 양식으로 이행되는 과정에 있었다.

인의 자유와 평등을 실현시킬 수 있다는 놀라운 의식이 그들을
매료시켰고, 그들에게 더욱 커다란 설득력을 가져다주었던 것
이다. 이탈리아 시민들은 사려 깊은 숙고의 결과에서 나온 어떠
한 결론, 물거품이 된 희망, 고대인들이 시도한 어떤 광기의 그
림자 등을 중시한 것은 아니었다. 그들에게 중요한 것은 오히려
실제 현실에서 사고를 실천하는 일이었다. 만일 행운이 따른다
면, 언제라도 현실을 좋은 방향으로 혁신시키는 게 가능하다고
그들은 생각했던 것이다. 인간은 현재 처한 상태에 순응하는 존
재는 아니다. 인간은 과거에는 지금과 전혀 다르게 살았다. 고
대사회는 이러한 사항을 거의 매일 가르쳤던 것이다. 인간은 어
쩌면 현재 살아가는 것과는 다른 존재일 수 있다. 새로운 세계
로의 여행은 바로 이 사실을 경험하게 해 주었다.

　인간은 자신에게 주어진 어떤 역할에 처음부터 예속되어 있
지는 않았다. 어떠한 공간이라 하더라도 그곳은 인간에게 완전
한 편안함을 부여하지 못할 것이다. 인간의 삶은 자연 속에서
명확히 제한된 다른 존재의 그것과는 달리, 수동적으로 확정되
어 있지는 않다. 인간에게는 태어날 때부터 천성적으로 자기 자
신의 존재 가치를 스스로 만들어 내고 형성시키는 능력이 있다.
그렇지만 인간의 변모 가능성 역시 확실히 존재한다. 사람들은
자신의 능력을 최대한 발휘하여 때로는 자신을 신적인 존재로
격상시킬 수 있는가 하면, 때로는 동물적 본능 속으로 추락하
기도 한다. 그렇지만 처음부터 확정되어 있는 무엇이 있다. 그
것은 다름 아니라 인간의 변모의 제반 조건 내지 인간이 제각기
처한 현실적 조건 속에서 드러내는 형체의 형식적 틀이다. 물론

이러한 전제 조건 내지 형식적 틀은 처음부터 선하게 혹은 악하게, 건강하게 혹은 병든 채 나타나는가 여부의 판단에 의존한다.

인간에게는 여러 능력이 주어져 있다. 따라서 그는 많은 사람들이 서로 공존할 수 있는 방식을 찾을 수 있다. 가령 어떻게 다른 사람들을 억압하지 않고 또 상대방을 굴복시키지 않고 자신의 품위를 고수할 수 있을까 하는 물음을 생각해 보라. 평화 공존에 대한 믿음은 평등한 삶 그리고 이와는 정반대되는 실제 삶에서의 수많은 범례에 토대를 두고 있다. 가령 역사는 다음의 사실을 그대로 말해 준다. 즉, 모든 전제 정치는 희생자뿐 아니라, 폭군의 신하들뿐 아니라, 폭정을 행하는 자, 권력과 이로 인한 이득을 추구하는 자들에게도 궁핍함과 불행을 가져다준다는 사실 말이다. 민주주의에 대한 신뢰는 결코 매매할 수 없는, 인간의 자유에 근거하는 것이다. 인간의 자유는 인간의 의지에 바탕을 둔 것이다. 인간은 마지막에 끝내 패망할 때에만 자유를 포기하지 않는가?

예컨대 자연법칙을 생각해 보라. 누군가 이를 인식하면, 자연법칙은 발견자를 망각한다. 그렇게 되면 자연법칙은 사라지고, 결국 고유한 현실로 바뀌게 된다. 자발적 복종에 관한 이론도 이와 마찬가지이다. 자발적 복종에 관한 이론도 맨 처음 창안한 사람 그리고 그가 서술한 문헌으로부터 여러 번에 걸쳐 일탈되어 사라진 다음, 결국 어떤 고유한 삶 속에 스며들었다. 어쩌면 작품은 사라질지 모른다. 그렇지만 오히려 작품이 사라진 현실 속에서 법칙이나 이론은 지속적으로 어떤 영향을 끼치는 법이다.

문헌학의 측면에서 고찰할 때, 라 보에시의 작품이 알려지기 시작하여 그런 방식으로 기능했다는 것은 참으로 기이한 일이다. 한마디로 라 보에시의 사상은 완전한 자유와 자신의 처지를 의심하게 하는 비판적 의식을 불러일으킨다. 만약 누군가 몽테뉴의 첫 번째 『수상록(*Essais*)』에서 이러한 사실을 접하고 무한한 즐거움을 느낀다면, 갑자기 자신의 존재에 대해 말할 수 없는 역설적 감정에 사로잡힐 것이다. 가령 몽테뉴는 자기 자신을 화가에 비유한다. 이를테면 화가는 완전하게 창조된 어떤 회화 작품을 위해 벽 한복판의 아름다운 공간을 비워둔 채, 방의 다른 공간을 온통 기괴한 그림으로 가득 칠해 놓는다. 그것은 온갖 상상으로 가득 찬 놀라운 그림들로서, 구경꾼들은 오로지 다양성과 기이함의 측면에 있어서 상상력이 결핍되어 있을 뿐이라고 느낄 것이다. 이와 관련하여 몽테뉴는 자신과 친숙한 독자에게 다음과 같은 질문을 던진다. 자신의 『수상록』은 진실로 그러한 끔찍한 배경 그림에 불과한 게 아닐까? 어쩌면 자신의 글들은 몇몇 질서, 연속성, 그리고 비례 등을 고려한 우연에 의해 짜 맞추어진 것으로서, 특정한 형체조차 없는 다양한 부분에 해당할 뿐이다. 사람들은 풍요롭고, 예술적 법칙에 상응하는 완성된 작품을 오랫동안 기다려 왔다. 이 사실은 몽테뉴 자신에게도 도저히 믿기지 않는다고 했다. 그러면서도 몽테뉴는 이러한 작품을 라 보에시에게서 찾고 싶다고 한다. 왜냐하면 라 보에시는 이러한 과업을 명예롭게 완수하게 되리라는 것이다. 그래, 몽테뉴는 「자발적 복종」을 가장 완전하게 창조된 회화 작품에 비유한다. 그럼에도 불구하고 라 보에시의 논문은 사람들에게

잘못 알려져서 「독재자에 반대하여(Le Contr'un)」라는 제목으로
뒤바뀌게 되었다고 한다. 라 보에시는 어린 시절에 폭정에 대항
하는 인간의 고결한 자유를 위하여 에세이 형태로 글을 썼다는
것이다. 실제로 몽테뉴는 『수상록』 제1장 27절, 「우정에 관하
여」를 유일한 친구로 생각하던 라 보에시에게 헌정한 바 있다.

  실제로 라 보에시를 사귀기 전에 몽테뉴는 친구의 놀라운 문
헌을 읽고 너무도 커다란 감명을 받았다. 그 문헌의 저자는 몽
테뉴의 눈에는 고대 그리스 문화에 대한 풍부한 식견과 인간적
성품을 고루 갖춘 것 같았다. 몽테뉴는 라 보에시를 직접 만나
고 싶은 충동에 사로잡혔다. 두 사람은 나중에 깊은 우정을 나
누었다고 한다. 그러나 이런 식으로, 다시 말해서 몽테뉴의 입
장에 근거하여 라 보에시에게 접근한다면, 우리는 쓰라린 실
망감을 느끼게 될 것이다. 왜냐하면 몽테뉴는 라 보에시의 글
을 신랄하게 비난하기 때문이다. "나의 견해에 의하면, 이 작품
은 나중에 국가의 기강을 어지럽히고 헌법을 개정하려고 생각
하는, 사악한 의도를 지닌 자들에 의해 출판되었다. 그렇지만
이들은 출판을 통해 국가의 제반 법들이 향상될지 전혀 알지도
못하면서 그렇게 행동했던 것이다. 게다가 나의 견해에 의하면
사악한 자들은 원래의 작품에다 그들의 졸렬한 글들을 함부로
삽입시켰다. 상기한 두 가지 사항 때문에 책은 원전과는 다르
며, 나로서는 이에 관여하지 않는 게 당연하다고 생각한다."

  그렇다면 무슨 일이 발생했는가? 1580년 『수상록』의 완성된
판본이 나올 때까지 라 보에시의 작품은 다른 글들과 뒤섞인
채 두 가지 형태로 발표된 바 있다. 첫째로 작품은 어느 정치가

의 연설문으로서 간행되었다. 그것은 책자의 4분의 1을 차지하는 분량이며, 책자의 마지막 부분은 익명의 "에우세비우스 필라델푸스 코스모폴리티카(Eusebius Philadelphus Cosmopolita)"의 「두 편의 대화 모음」으로 이루어져 있다. 실제로 어느 익명의 정치가는 피의 학살극이 벌어진 바르톨로메우스의 밤 사건이 발생한 지 얼마 되지 않은 1572년 8월에 프라이부르크 근처의 브라이스가우에 있는 여관에서 어느 역사 편찬가와 함께 투숙한 적이 있었다. 여기서 역사 편찬가는 수많은 사람들에게 끔찍한 불행을 가져다준 사건을 보고하고, 정치적 문제에 있어서 가장 중요한 대상이 무엇인지 관찰하였다. 그들의 공동 관심사는 당연히 왕들의 폭력 행위, 폭정, 그리고 수많은 사람들의 자발적 노예근성 등이었다. 그리하여 1574년 라 보에시 글의 라틴어판은 에딘버러에서 간행되었다. 추측컨대 이 판본은 실제로 스위스의 바젤에서 간행된 게 분명하다. 이 판은 얼마 되지 않아 프랑스어로 번역되어 『프랑스인들의 자명종 시계 그리고 그들의 이웃에 관하여(*Réveille-Matin des François et de leurs voisins*)』라는 제목으로 간행되었다.

라 보에시의 문헌은 1577년에 완전한 문헌으로 간행되었다. 그것은 3권으로 이루어진 정치사상서, 『샤를 9세 치하의 프랑스 법에 관한 회고(*Mémoires de l'Etat de France sous Charles IX*)』의 마지막 권에 실렸다. 이 문헌에는 야권 세력의 정치적 경향을 고려할 때 아주 다른 특성을 지닌 글도 함께 실려 있었다. 가령 프랑수아 오트망(F. Hotman)의 『프랑코 갈리아(*Franco-gallia*)』가 여기에 해당하는 문헌이다.[5] 두 번에 걸쳐 프랑스어로 간행된 라 보에시의 문헌(가령 1574년 판과 1577년 판)은 모두 위그노 진영 내의 급진파 세력에 의한 것이다. 가령 어느 정치가에 의해 간행된 1574년 판은 ― 그 정치가가 자신이 필요로 하는 연설 방식의 자유를 중시하고 있다는 점에서 ― 위그노 진영에서 간행된 1577년 판과는 약간의 차이를 보이고 있다. 가령 종교 문제를 중시하는 위그노 교도들은 프랑스의 정치적 상황을 완곡한 표현으로 그리고 노예의 시각에서 서술했던 것이다.

바로 이러한 차이 때문에 몽테뉴는 위그노 교도들에 의해 간행된 문헌이 라 보에시의 사고와 어긋난다고 주장했다. 몽테뉴는 라 보에시의 혁명적 지조를 처음부터 이해하려고 하지 않았다. 그는 다음과 같이 피력한다. 설령 사를라 내지 페리고르가 아니라 이탈리아의 베네치아에서 태어났다 하더라도, 라 보에시는 틀림없이 조국의 법을 준수하고 이에 굴복했으리라는 것이다. 그는 훌륭한 시민이었기 때문에 무엇보다도 국가의 안전을 도모하려 했다고 한다. 실제로 라 보에시는 당시의 어수선한 정치적 분위기 내지 혁신 운동 등을 혐오했다고 한다. 그렇기에 몽테뉴는 라 보에시의 진지한 작품을 잘못된 "위작"이라고 배격하고, 대신 자신과 동년배인 작가의 어떤 경쾌한 문헌이야말로 진본이라고 내세우게 되었다. 그리하여 그는 자신의 『수상록』에다 라 보에시에 의해 씌어진 29편의 소네트를 소개했던 것이다.

---

5. 갈리아 지방은 현재의 프랑스 동쪽, 이탈리아 북부, 독일의 라인 강 좌측 영역, 벨기에, 네덜란드를 포괄하는 지역이다.

그렇다면 몽테뉴는 어떠한 이유에서 오래 전부터 알려진, 혁명적 요소를 지니고 있는 라 보에시의 작품에 대해서 비판적 태도를 취하고, 그것으로부터 등을 돌렸을까? 차라리 아예 처음부터 언급하지 않았다면 더욱 간단했을 텐데, 몽테뉴가 그렇게 하지 않은 이유는 무엇일까? 죽은 친구의 필사본이 간행되자, 몽테뉴가 단호한 태도로 이에 대한 실망감을 드러낸 까닭은 정치적으로 견해를 달리하는 전투적 종교 집단에 대한 거부감 때문이 아니었을까? 라 보에시의 문헌은 단 한 번 간행된 희귀본이 아니라, 여러 번에 걸쳐 간행되었다. 그럼에도 몽테뉴는 그것들을 통째로 매도하였다. 어쩌면 몽테뉴는 「자발적 복종」을 다시 한 번 출간하는 게 더 낫다고 생각하지 않았을까?

이러한 질문은 결코 해결될 수 없다고 단언할 수는 없다. 그것은 또한 특정 문헌에 대한 다양한 수용과도 관계된다. 다시 말해, 특정 문헌이 쓰인 시대는 비교적 안온했는데, 저자가 죽은 뒤 10년 후에 정치적 갈등이 속출하는 경우를 생각해 보라. 이 경우 특정 문헌은 당대와 후대에 중요한 이슈로 부각되곤 한다. 문제는 라 보에시의 글이 정치적으로 그리고 종교적으로 커다란 논쟁을 불러일으키는 문헌이라는 점이다. 바로 이러한 까닭에 몽테뉴는 라 보에시의 글의 내용과 공통되는 견해를 드러내려고 하지 않았는지 모른다. 실제로 라 보에시의 문헌은 몽테뉴의 정치적 입장을 직접적으로 거론하였다.

몽테뉴의 상기한 태도는 우리가 이 글에서 다루게 될 질문을 넘어서서, 어떤 예술적 의도를 반영하고 있다. 앞에서 몽테뉴는 예술에 합당한 회화 작품들 그리고 환상적 그로테스크를 담은 그림들을 언급하면서, 두 가지 유형 사이의 근본적인 차이를 지적하였다. 이는 실재하는 대상을 빛과 그림자라는 정확한 관점 속에서 묘사하는 당시의 예술 창조 방식 그리고 상상력을 무의식적으로 혼합시켜 무중력 상태를 작위적으로 창조하는 방식 사이의 차이를 가리킨다. 이러한 차이는 바티칸 성당의 방문객이 경박하게 칠해진 장식용 발코니와 이탈리아의 위대한 예술가 라파엘로의 위대한 벽화 〈아테네 학당〉 혹은 파르나소스 산 풍경화 사이에서 발견하게 되는 것이다.[6] 그렇지만 몽테뉴가 거론한 차이란 오로지 그것만을 지칭하는 것은 아니다.

몽테뉴는 작품 창조자로서 자신의 고유한 예술적 입장을 고수한다. 몽테뉴에 의하면, 장식하는 일과 예술적으로 표현하는 일 사이의 엄격한 구분은 더 이상 중요하지 않다. 물론 그는 자유로운 공간을 기괴한 형체들로써 가득 채웠지만, 삶에 가득 찬 위대성을 동원하여 자기 자신을 표현했고, 자기 존재의 세부 사항들을 모조리 담으려고 했다. 그렇기에 관찰자는 자유로운 공간에 담겨 있는 그림들을 바라보고 무척 놀라워하며, 몽테뉴에게서 기대했던 예술적 대상들을 발견할 수 없을 것이다. 이는 벨라스케스(Velasquez)의 〈시녀들(Las Meniñas)〉을 감상할 때 느끼는 놀라움과 유사한 것이다.[7] 벨라스케스의 작품에서 왕과 왕

6. 라파엘로의 가장 위대한 벽화들 가운데 하나로 손꼽히는 〈아테네 학당〉은 바티칸 궁정에 있다.
7. 디에고 벨라스케스(1599-1660): 스페인의 위대한 화가. 16세기 베네치아의 티치아노의 회화를 연구하면서 시각적 인상을 독특하게 강조하였다. 화려하고 다양한 필치, 미묘한 색의 조화 등으로써 벨라스케스는 형태, 질감, 공간, 빛, 분위기를 드러내고 있다. 〈시녀들〉은 "왕가"라는 제목으로 더 잘 알

비는 주인공인데도 불구하고 그림 속에서는 거의 눈에 띄지 않는다. 대신에 부각되는 대상들은 기괴하게 생긴 난쟁이, 개 한 마리, 그리고 작은 공주이다. 특히 작은 공주는 시녀들과 화가(畵架)로 작용하는 화가(畵家) 사이에 자리를 잡고 있다. 따라서 왕과 왕비는 그저 중개된 인물로 느껴질 뿐이다. 왜냐하면 그들의 위치는 배경 속의 거울에 의해 뒤집혀 있기 때문이다.

마찬가지로 우리는 라 보에시의 작품을 몽테뉴의 『수상록』과 비교할 수 있을지 모른다. 라 보에시의 작품이 벽에 걸린 예술에 합당한 그림이라면, 몽테뉴의 에세이는 자유로운 공간 속에 가득 찬 기괴한 형체들이라고나 할까. 어쨌든 몽테뉴는 죽은 친구의 「자발적 복종」을 단 한 번 명확하게 비판하였고, 주어진 시대를 살아가면서 쓰라린 경험과 접해야 했다. 물론 이러한 경험이 몽테뉴로 하여금 라 보에시와의 품위 넘치는 인간 공동체에 대한 신뢰를 완전히 앗아가게 한 것은 아니었다. 그렇지만 몽테뉴는 근본적으로 라 보에시의 사상을 회의하고 있었다. 물론 몽테뉴의 『수상록』에서 정치권력과 인간의 자발적인 의지에 관한 중요한 모티프들이 드러나지 않는 것은 아니었다. 그러나 이러한 모티프들은 한마디로 거울에 의해 뒤집힌 중개된 상에 불과했다.

인간의 본성, 인간의 자유와 품위는 몽테뉴의 경우 개인적 시각에서 비롯된 것이다. 따라서 그것은 사물과 세상을 관찰하는 개인적 자아로 축소되어 있다. 몽테뉴의 경우, 인간의 본성에

려져 있는데, 원근법, 조명 등의 측면에서 무척 독특한 작품이다.

해당하는 자유와 품위는 어떤 찬란한 모습으로 드러나는 게 아
니라, 그 자체 어떤 취약점을 노출시키고 있다. 왜냐하면 몽테
뉴는 인위적으로 주어져 있는, 인간의 노예 상태를 중시하지 않
기 때문이다. 이러한 입장은 독재자의 권력에 대해 그저 의아해
하고 이상하게 여기는 태도만을 표명할 수 있다. 아닌 게 아니
라 몽테뉴는 인간이 품위 없이 살아가는 실제 상태를 직접적으
로 비난하지 않았다. 가령 샤를 9세 치하에서 어른들은 불과 몇
살 되지 않은 아이에게 복종해야 했다. 게다가 사회의 절반에
해당하는 백성들이 가난과 배고픔에 허덕였다. 그들은 힘든 삶
과 강제 노동에 지쳐 거지처럼 살아가야 했다. 먹고사는 데 혈
안이 되었던 그들에게는 다른 문제에 신경을 쓸 겨를이 없었다.
다시 말해, 그들은 화염과 칼로써 사라진 정의를 되살리고 자
신의 고유한 법을 창조하는 대신에 주어진 불법적 상태를 수수
방관했던 것이다.[8] 몽테뉴는 현실의 비참한 상황과 다수의 맹목
적인 의식 등을 직접적으로 비판하지 않고, 기껏해야 인디언들
이 카니발에서 사용하는 기괴한 언어를 빌려 은근히 암시했을
뿐이다. 나아가 그는 가장 중요한 정치적 문제를 거의 도외시한
채 다양한 테마를 다루었다. 가령 몽테뉴는 올바른 교육에 중
요한 의미를 부여했으며, 드물게 우정에 관해 기술하기도 했다.
이러한 내용은 라 보에시의 사고가 몽테뉴의 『수상록』에 어떻
게 작용했는가 하는 질문에 대한 대답이 될 수 있다.

---

8. 이는 동서고금을 막론하고 항상 나타나는 현상이다. 먹고사는 데 헌신해야
   하는 노동자들은 사회제도 내지 노동 조건을 해결하는 데 시간을 바치기 어
   렵다.

그렇지만 「자발적 복종」은 주로 중간 계층의 사람들에게 몽테뉴의 사상과의 관련성에서, 그리고 나아가 르네상스의 정치 이론의 맥락에서 수용되었다. 헤겔은 루소의 업적을 다음과 같이 설명하였다. 루소는 "형식적 측면(이를테면 사회성이라든가 신적인 권위 등)에서뿐 아니라 내용적 측면에서 이해될 수 있는 하나의 원칙"을 찾아 내었는데, 이는 "국가의 원리로서의 어떤 보편적 의지를 설정하는 사고 내지 사상이 되는 원칙"이라는 것이다. 그렇다면 우리는 라 보에시의 글을 분명히 읽은 루소의 사상을 어떻게 이해할 것인가? 우리는 헤겔의 루소 해석과 국가의 핵심적 의지에 관한 이론을 그대로 따를 것인가? 상기한 물음들은 여기서는 부차적인 질문에 불과하다. 라 보에시는 자신의 정치 이론을 정치적으로 행동하는 인간의 자유 내지는 의지에 근거하여 다룬 바 있다. 라 보에시의 이론은 결코 국가에 관한 이론은 아니지만, 공공연한 법의 이론이며, 나아가 인간의 정치적 행위에 관한 이론에 해당한다. 인간의 진정한 본성은, 라 보에시에 의하면, 자신의 자유와 품위를 하나의 원칙으로 만들어 낸다. 이러한 해석은 그 자체 정치적 사고 속에 내재되어 있는 완전한 "코페르니쿠스적 전환"이 아닐 수 없다.[9]

자연과학의 혁명은 폐쇄적이고 계층적으로 질서 잡혀 있던, 우주에 관한 중세 시대의 상을 파괴시켰다. 사람들은 계층적, 폐쇄적 우주의 상 대신에, 동질적이며 기하학적 공간으로 이루

---

9. 지금까지의 정치 이론은 신권에 입각한 것이었다. 신의 권한은 정치적 계급 차이를 용인하게 하였고, 나아가 계층의 분화를 처음부터 결정된 진리로 수용하게 하였다.

어진 무한한 우주를 올바르다고 생각했다. 이러한 관련성 속에서 정치 이론의 혁명의 선봉에 선 사람은 쿠에스 출신의 니콜라우스, 즉 쿠자누스(Cusanus)였다.[10] 쿠자누스는 『가르친 무지에 관하여(De docta ignorantia)』에서 우주의 무한성과 지구의 움직임을 암시했다. 쿠자누스의 암시 속에는 결코 어떤 혁명적 제스처가 담겨 있지 않다. 그는 오로지 교회법을 수단으로 하여 누구보다도 먼저 인민의 고유한 주권을 설명했던 것이다. 쿠자누스의 책은 프랑스의 인문학자, 에타플 출신의 장 르페브르의 번역으로 1514년 파리에서 간행되었는데, 오늘날에도 전해지고 있다.[11]

그렇지만 쿠자누스의 경우 교회법에 의해서 모든 게 규정되는 반면, 라 보에시의 경우 무엇보다도 인간의 본성이라는 고대적이면서도 새로운 개념이 고유한 정치 이론으로 부각되고 있다. 물론 자연법이라는 전통이 오래 전부터 존재한 것은 사실이다. 나아가 지금까지 많은 사람들이 주어진 지배 체제를 합법화하고, 제후와 인민 사이에 주어진 권한을 정당한 관계로 규정

---

10. 쿠자누스(1401-1464): 독일의 추기경, 수학자, 철학자. 쿠자누스는 "신과 우주에 관한 인간의 지식은 불충분하다"고 설파하였다. 대표작 『가르친 무지에 관하여(De docta ignorantia)』는 자구적 의미를 중시하면 "가르침 받은 무지에 관하여"로 번역될 수 있다. 이 책에서 쿠자누스는 자신의 무지를 아는 사람을 유식한 사람이라고 설명한다. 나아가 인간의 진리 탐구는, 쿠자누스에 의하면, 정사각형을 원으로 바꾸는 작업과 같다고 한다.
11. 에타플 출신의 장 르페브르(1455-1536): 프랑스의 인문학자, 신학자, 번역가, 신비주의자. 그는 윤리학, 정치학, 형이상학에 관한 아리스토텔레스의 책을 번역하였는데, 종교개혁 이전에 많은 영향을 끼쳤다. 얀 반 로이스브룩 그리고 쿠자누스의 번역판은 훌륭하기로 정평이 나 있다.

하려고 시도해 왔다. 이로써 도입된 것은 계약의 사적 권한이라
는 해결 수단이었다. 이를 통하여 사람들은 인민을 대변하고 지
배자의 폭력을 제한할 수 있다고 믿었다. 그리하여 사람들은 제
후, 승려, 군인, 그리고 평민계급들이 제각기 자신의 역할만 수
행하면 족하다고 판단했다. 그렇지만 라 보에시의 책은 지금까
지 내려온, 계급 차이에 바탕을 둔, 이른바 역할 분담의 이론을
완전히 부정한다. 다시 말해, 라 보에시는 계약의 사적 권한에
관한 문제에만 몰두하지는 않는다.

인간은 자연적 자유만 지닌 것은 아니다. 인간은 자신에게 주
어진 자연적 자유를 어떤 정치적 자유로 변모시킬 권리와 힘을
지니고 있다. 바로 이러한 생각이 라 보에시 사상의 핵심적 사
항이었다. 따라서 자유는 인간의 고유한 의지에 바탕을 둔 것이
다. 물론 인간의 자유와 의지는 습관에 의해서 주눅이 들고 얼
마든지 위축될 수 있다. 가령 누군가 태어날 때부터 노예로 태
어나고, 노예로 교육 받은 경우를 생각해 보라. 독재 체제는 그
런 식으로 인간의 사악한 본성을 은밀히 발전시킨다. 그리하
여 수많은 사람들은 더 많은 이득을 얻기 위하여 인간의 내면에
도사린 노예근성을 지지한다. 이로써 노예 제도는 자신의 본성
에 합당한 것처럼 보이고, 노예근성 역시 사람들의 자발적인 의
도에 의해서 이루어지는 것처럼 보이게 된다. 불법이 창궐하는
데도 노예 상태가 중지되지 않고 있다. 불법이 존재하는데도 사
람들이 그것을 마냥 원하고 있는 것은 하나의 전염병이다. 불법
이 마치 전염병처럼 세력을 확장하여, 대다수의 사람들을 병균
으로 감염시킨 경우를 생각해 보라. 그럼에도 사람들은 현재 병

들어 있는 상태를 당연하고도 정상적인 것이라고 믿으며, 이를 옹호하고 있다. 이 경우 불법은 더욱 비열하고도 악랄한 병이 아닌가?

루소는 다음과 같이 말했다. "철학하는 자의 견해는 주어진 시대에 통용되는 견해와 일치될 수 없다." 루소는 이러한 발언을 통하여 기존의 것을 옹호하고 관대하게 이해하려는 모든 태도를 거부했다. 루소의 그 말은 라 보에시에게도 유효하다. 어떠한 역사적인 권력도 인간의 품위를 앗아갈 수 없으며, 어떠한 정치 이론도 인간을 굴복시키려는 권력의 입장을 옹호할 수 없다. 흔히 폭정을 돕고 이를 방조하는 사람들에게는 나름대로 사적인, 혹은 공공연한 이유들이 있다고 한다. 그들에게는 독재자를 도와야 하는 필연적 요청이 주어져 있다. 왜냐하면 그들은 권력자 뒤에서 어떤 이득을 챙길 수 있기 때문이다. 그렇지만 폭정이 지니고 있는 비참함이라든가 자기 파괴적인 특성은 상기한 이유로 인하여 결코 은폐될 수 없다. 라 보에시의 사고는 바로 여기서 출발하여 여기로 귀결된다. 인간의 품위에 바탕을 두고 있는 삶이란 우정과 사랑에 바탕을 둔 것이다. 그것은 개인의 자유와 만인의 평등 그리고 동지애에 근거하고 있다. 특히 동지애는 이성과 언어 그리고 친교 등과 결부된 게 아닌가? 따라서 우정과 사랑에 바탕을 둔 삶은 결코 폭정과 노예 상태와 일치될 수 없다.

인간다운 삶과 소유는 과연 어떻게 보장될 수 있는가? 인간은 국가적 질서를 어떻게 고수하고, 과연 어떠한 범위 내에서 공공연한 폭력을 행사하고 이를 조종할 수 있는가? 인간의 의지는 주어진 사회 내에서 어떻게 자발적으로 형성되는가? 이러한 질문들은 라 보에시의 연구 대상이 아니다. 그것은 어떤 제한된 목표를 지니고 있으며, 여러 정치 이론의 제반 문제점들을 해명해 주지도 않는다. 이러한 제한에도 불구하고 라 보에시의 문헌은 "지배자 내지 지배 행위의 어떤 비밀"을 누구보다도 먼저 예리하게 보여 주고 있다. 게다가 그것은 폭력을 마음대로 행사하는 지배 체제를 사회적 관점에서 정확하게 서술하고 있다. 이 점을 고려할 때 그것은 사회학적 특성을 지닌다. 나아가 라 보에시의 문헌은 폭정을 능숙하게 정당화하는 다른 문헌을 완전히 뒤집으면서, 지금까지의 역사 서술자들이 저지른 오류에서 벗어나고 있다. 지금까지 전해지는 대부분의 역사가들은 위대한 개성을 지닌 지배자들, 권력 찬탈자들, 그리고 그들의 정치적 결정을 찬양하는 우를 저지르지 않았던가? 라 보에시의 문헌은 폭력을 행하는 자의 메커니즘과 그 밑에서 자발적으로 헌신하는 자들의 심리 상태를 예리하게 파헤치고 있다. 수많은 신하들은 자발적으로 독재자에게 알랑거림으로써 이득을 취하고, 자신의 공명심과 권력욕 그리고 소유욕 등을 위해서 자기 자신과 폭군을 멸망의 구렁텅이로 몰아가곤 했다.

이러한 견해를 통해서 어떤 결정들은 미리 내려진 셈이다. 예컨대 코페르니쿠스는 고대 작가들의 입장을 주창하였다. 물론 고대 작가들은 그의 적들에게도 잘 알려져 있었다. 또한 코페르니쿠스, 심지어 요하네스 케플러조차도 형이상학적 전제 조건들을 내세웠다. 그들의 전제 조건은 거의 중세적인 것이었으며, 자연과학이 혁명적으로 발전을 거듭함에 따라 원래 가치는

상실된다. 마찬가지로 정치 이론의 역사에서도 이와 유사한 것
이 발견된다. 가령 천국적인 것과 지상의 것에 관한 아우구스티
누스(Augustin)의 두 가지 계약에 관한 이론을 생각해 보라.[12] 이
것은 이중적 해석을 가능하게 한다. 즉, 지상의 불행과 살아 있
는 인간들의 굴종의 삶은 지상의 삶에 대한 비판뿐 아니라 저
세상의 더 높은 삶과 천국의 위대성을 의미할 수도 있다. 루터
(Luther)도 이러한 입장을 강하게 드러냈으며, 파스칼(Pascal) 역
시 이에 대해 휘황찬란하게 묘사한 바 있다. 그렇지만 라 보에
시에게 이러한 사고는 결코 유효하지 않았다. 물론 라 보에시는
고대의 개념들 속에 도사린 핵심적 사항을 깨닫고 이를 자신의
방식으로 활용했다. 가령 예술가들은 고대사회의 여러 가지 격
정적인 표현 방식을 차용하여, 이를 압도할 정도의 거대한 감정
을 표현하는 도구로 삼지 않았는가? 라 보에시의 사상에 영향
을 주고 그를 자유로운 인간으로 만든 것은 스토아 사상과 기
독교 사상 외에도 어쩌면 인간에 관한 어떤 새로운 입장이었는
지 모른다. 왜냐하면 라 보에시 사상의 저류에 흐르는 것은 어
느 누구로부터도 지배당하지 않으려는 태도, 즉 자율적인 의지
이기 때문이다. 자연과 이성은 ─ 마치 자연법칙이 그러하듯이
─ 끊임없이 반복되는 하나의 경험이 어떤 지속적 인식을 위한
이론이 되도록 작용한다.

　라 보에시는 가장 바람직한 법을 창안하려 하지는 않았다. 그
는 기필코 폭군을 살해해야 한다는 결의론(決疑論)을 설계하지

---

12. 이는 아우구스티누스의 『신국론(Civitas Dei)』에서 제기되는 입장이다.

도 않았고, 그렇다고 해서 고향인 기엔 지방을 황폐하게 했던
여러 폭동에 대해서 자신의 분명한 입장을 표명하지도 않았다.
어쩌면 이는 기이하게 들릴지 모른다. 라 보에시가 사용한 언어
와 사고 과정만이 고전적 텍스트를 방불케 하는 것은 아니다.
그의 신중함이 오히려 독창적이라고 말할 수 있다. 라 보에시는
자신의 문헌에서 모든 것을 깡그리 드러내려고 하지는 않았다.
모든 것을 증명해 내고, 모든 것을 규범화하는 일은 라 보에시
의 텍스트에서는 찾아볼 수 없다. 바로 이러한 특성 때문에 현
대에 살고 있는 우리는 그의 텍스트를 수월하게 읽을 수 없다.
보에시는 심지어 "과연 인간의 인간에 대한 지배가 반드시 존재
해야 하는가?"라든가 "인간은 지배 체제로부터 벗어날 수 있는
가?" 등의 질문을 한 번도 제기하지 않았다. 그는 다만 다음의
사실만 확정하고 있다. 즉, 보편적 의지가 존재하는 곳에는 자
유와 동지애가 존속될 수 있으며, 모든 독재 체제는 반드시 저
절로 붕괴되리라는 사실 말이다. 장 자크 루소는 나중에 이를
아주 잘 이해하였다.

　루소는 폭력을 자행하는 독재를 완화시킬 수 있는 수단을 찾
지 않았다. 또한 그는 다음과 같은 물음에 대해서도 알려고 하
지 않았다. 즉, 도대체 군주가 어떠한 범죄를 저지르기에 인민들
이 폭정에 대항하여 총과 칼로 맞서려고 하는가 하는 물음을 생
각해 보라. 루소는 언제 혁명적 상황이 시작되는가 하는 물음에
대해서도 전혀 관심이 없었다. 불법은 어떠한 경우라도 완화될
수 없다. 불법이 횡행하는 상태에 대해 도저히 견디기 어렵다는
의식이 사회 전역에 퍼지면, 어떤 인민은 주어진 불법적 상태를

변화시키려고 모든 일을 행할 것이다. 이를 이해한 사람은 다름 아니라 마라(Marat)였다. 또한 톨스토이, 구스타프 란다우어(Gustav Landauer)도 그런 식으로 라 보에시의 문헌을 읽었다.

라 보에시는 정치적으로 행동하는 존재로서의 인간에 관한 이론을 설계한다. 이러한 이론은 하나의 진단으로 이해될 수 있다. 폭력을 허용하고 이에 대해 저항하지 않고 그냥 감내하는 자는 틀림없이 병들어 있다. 폭력을 승인하거나 이에 동참하는 자는 도저히 구원받을 수 없을 정도로 몹쓸 병에 시달리고 있다. 이 경우 그의 상태는 꿰뚫어 볼 수 있을 정도로 자명하다 하더라도, 환자에게 도움이 되는 것은 거의 없다. 만약 환자가 도저히 치유될 수 없는 상처를 치료하기 위해서 요양하려 한다면, 담당 의사는 자신의 의술에 먹칠하는 결과를 초래하게 될 것이다. 라 보에시는 이 사실을 이미 히포크라테스에게서 배웠다. 그는 조금도 귀찮게 여기지 않고, 공동체 내에서의 자연에 합당한 인간 삶의 원칙을 제기한다.

라 보에시는 동시대인의 고통에 동조하면서, 지배의 합법성에 관한 문제를 다루려고 한다. 그리하여 그는 지배는 결코 합법화될 수 없다고 말하면서, 지배 체제 자체를 거부한다. 어떤 독재자가 왕권을 무력으로 찬탈했는가, 선왕으로부터 승계 받았는가, 혹은 인민의 선거에 의해서 권력을 차지하게 되었는가 하는 물음은 여기서 결코 중요하지 않다. 불법이란 결코 합법화될 수 없는 무엇이다. 이로써 정치적 인간학은 정치적 신학의 토대로부터 벗어난다. 그렇다고 해서 정치적 신학의 영향이 완전히 사라지는 것은 아니며, 그것은 인식 가능한 것이다. 정치

적 신학의 영향이 가능한 곳에서 인간은 예외적인 경우 구원받
을 수도 있다.[13]

　인간의 본성을 주창하기 위해서는 일단 그것을 발견해야 한
다. 명백히 말하자면 인간에게는 자신의 고유한 본성이 그냥 주
어져 있는 게 아니다. 인간은 그것을 적극적으로 획득해야 한
다. 이는 간단해 보이는 사실이지만, 실천하기는 어렵다. 가령
우리는 있는 힘을 다하여 우리의 도덕과 관찰 방법 속에 주어
져 있는 습관적 힘으로부터 그것을 찾아 내야 할 것이다. 인간
은 주어져 있는 무엇에 대항하기 위하여 통상적으로 자연법을
발전시킨다. 설령 사실로 인정된 것이 시간적으로 그리고 공간
적으로 멀리 떨어져 있다 하더라도, 사람들은 실제 현실 속에서
그것을 활용한다. 혹은 사람들은 자연법을 거론함으로써 어떤
새로운 질서를 정당한 것으로 생각한다. 이 경우 새로운 질서는
무엇보다도 신선하다는 이유에서 전통적으로 전해 내려오는
질서에 비해 혁명적인 것으로 비친다.

　국가나 사회가 병들었을 때 반드시 나타나는 것은 주어진 질
서를 전복시키려는 의지이다. 그러나 이보다 더 중요한 일은 병
든 국가와 사회를 치유하는 과업이다. 이 경우 흔히 혁명적인
것이라고 명명되는 것은 부차적일 뿐이다. 그렇지만 무엇보다

---

13. 여기서 호르스트 귄터가 암시하는 것은 라 보에시의 이론이 오로지 정치
　적 입장으로만 이해될 수는 없다는 사실이다. 왜냐하면 평등과 동지애의 삶
　은 어떤 특정한 신앙 공동체에 의해서도 가능하기 때문이다. 이 경우 정치적
　인간학의 토대는 정치적 신학의 그것과 동일하거나 유사하다. 가령 우리는
　1970년대 초 칠레에서 활발하게 진척된 신앙 공동체의 정치적 실천 운동을
　예로 들 수 있을 것이다.

도 중요한 사항은 병을 치유하려는 의사가 무당과 혼동되어서는 안 된다는 사실이다. 무엇보다도 중요한 것은 다음과 같다. 즉, 정치의 자연법칙과 어떤 역사적 상황에 대한 진단이 결코 관료주의자들의 개혁 정책으로 귀결된다든가 혹은 잘못된 예언자들의 절망적 행위로 이어져서는 절대로 안 된다는 점이다. 이 점이야말로 라 보에시의 견해였으며, 나아가 루소의 견해였다.

라 보에시의 문헌은 커다란 요구 사항 없이 출현했지만, 학자들의 날카로운 시각에 그다지 커다란 긴장감을 불어넣지는 못했다. 이는 도대체 무엇을 의미하는가? 라 보에시의 사상적 전언은 어떠한 정당에도 영향을 끼치지 못했다. 급진적 자유주의자뿐 아니라, 노선에 충실한 무정부주의자 역시 라 보에시의 사상을 전폭적으로 지지하거나 그에 대한 반론을 제기하지 않았다. 라 보에시의 문헌은 문화 정책에 관해 많은 것을 거론하지만, 실제로는 그것에 관한 토론의 논제로 활용되지 못했다. 어쩌면 우리는 작품과 라 보에시가 살던 시대의 관점을 작품이 후세에 끼친 영향으로부터 조심스럽게 구분해야 할지 모른다. 비록 라 보에시의 문헌이 자신의 시대를 적극적으로 고려한다고 하더라도, 그의 글을 읽는 현대의 독자는 또 다른 새로운 무엇을 발견할 수 있을 테니까 말이다.

라 보에시가 살던 시대는 무척 혼란스러웠다. 그는 1530년 11월 1일 페리고르의 사를라에서 태어나, 1563년 보르도 근처에서 죽었다. 도처에서 폭동이 일어나, 수많은 사람들이 피 흘리며 죽었다. 종교적 갈등이 오래 지속되어, 나라는 신교도와 구교도 사이의 갈등으로 내전 위기에 처해 있었다. 프랑스와 독

일은, 비록 권력 구조 내지 정치 세력의 측면에서는 약간 달랐
지만, 혼란스러운 분위기에 있어서는 거의 동일했다. 라 보에시
는 세인들로부터 존경을 받는 집안 출신이었다. 그의 친척들은
중요한 관직을 차지했으며, 이웃 도시의 주교, 이탈리아 출신의
추기경 니콜로 가디(Niccolò Gaddi)와 친분을 쌓기도 했다. 가디
는 인문학자로서 이탈리아의 유명한 메디치 가문과 친척 관계
에 있었으며, 마키아벨리의 책을 읽었다고 전한다. 라 보에시는
오를레앙 대학에 다닐 때 법률학을 공부하였다. 그의 은사 가
운데 안 뒤 부르(Anne du Bourg)가 있는데, 그는 나중에 신교도
로서 화형당해 목숨을 잃게 된다.[14] 당시에 라 보에시의 고향은
"소금세"에 대항하는 폭동으로 인하여 폐허로 변한다.

소금세 폭동은 시골에 사는 농민들과 도시의 하층민들의 수
많은 봉기와 유형적으로 동일한 것이었다. 이른바 이만 명에 달
하는 "역도들"이 폭력을 행사하여, 보르도 지방을 다스리는 제
후가 목숨을 잃는다. 뒤이어 무장한 시민들은 불과 며칠 사이에
질서를 바로잡고, 무장 봉기를 일으킨 주모자들을 생포하여 처
형시켰다. 그 다음에야 비로소 잔인하기로 악명 높은 몽모랑시
장군이 군대를 이끌고 쳐들어왔다. 그는 — 도대체 무엇을 위해
서인지는 알 수 없지만 — 패배자들을 처단하는 승리자로 군림
하기 시작했다. 아무 위험이 없었는데도 불구하고, 몽모랑시 장

---

14. 안 뒤 부르(1520?-1559): 프로테스탄트 순교자. 그는 오를레앙 대학교 법학
교수로서 라 보에시를 가르친 바 있다. 뒤 부르는 파리고등법원 법관으로
일한 바 있는데, 1559년 프로테스탄트로 개종하였다. 그러나 그는 즉시 파
리대법원으로부터 소환당하여 그해 파리에서 화형당해 죽었다.

군은 불과 몇 주 사이에 도시를 거의 파멸로 몰아갔다. 이로써 도시는 그야말로 회복 불능의 상태에 빠지게 된다. 많은 역사가들은 우리에게 다음의 사실을 가르쳐 준다. 즉, 보르도의 시민들은 거대한 세력을 형성하여 프로테스탄트를 신봉하는 자들에게 무척 잔악하고도 끔찍한 고통을 가했다. 이러한 짓거리 자체는 당시에는 시대에 합당한 관례로 당연시되었다.

라 보에시는 가톨릭교도들의 이러한 횡포에 대해 결연히 반대 입장을 취했다. 그는 의회 의원으로서 위그노 교도들과 함께 일하면서, 흥분한 의원들의 마음을 가라앉힐 수 있는, 폭력 없이 모든 것을 해결할 수 있는 규정들을 만들려고 했다. 참담하기 이를 데 없는 상황에서 라 보에시가 과연 누구와 연대할 수 있었겠는가? 역모를 일으킨 하층민들과 연대할 수는 없었다. 그의 출신과 계급은 이를 결코 허용할 수 없었던 것이다. 그렇다고 시민들과 연대하여 일할 수도 없었다. 시민들은 이전에는 제후와 귀족들의 폭력에 대해 모든 것을 감내하고 있었으나, 나중에 일부 시민들은 하층민 세력에게 무자비한 폭력을 자행하지 않았던가? 물론 라 보에시는 이들에 대해 동정심을 지니고 있었다.[15] 그는 조국의 비극적 운명에 대해 탄식을 터뜨렸다. 라 보에시는 다른 지식인들처럼 어떤 새로운 세계에서의 삶에 관해 꿈꾸었으며, 이를 말하기도 했다. 그가 집필한 라틴어

---

15. 주지하다시피 라 보에시는 가톨릭 신자였다. 그렇지만 그는 프로테스탄트 교인들의 처지와 그들의 바람을 잘 이해하고 있었다. 하층민과 시민들은 대체로 가톨릭을 신봉하고 있었고, 일부 시민들은 진보적 지식인과 상인 등과 함께 프로테스탄트를 신봉하고 있었다.

시편들은 어떠했는가? 라 보에시는 라틴어 시편을 통해서 페르시아에 대항하는 그리스 사람들의 투쟁을 묘사했지만, 이는 근본적으로 노예 상태에 대항하는 자유의 투쟁을 뜻하는 것이었다. 나아가 관료주의적인 베네치아 공화국의 폐해를 간접적으로 지적하기 위하여 라 보에시는 터키 제국의 폭정을 비유적으로 활용했다.

몽테뉴는 「자발적 복종」의 집필 시기가 1548년이라고 주장했고, 다른 문헌에는 라 보에시의 작품이 1546년에 씌어졌다고 기술되어 있다. 심지어 몽테뉴는 라 보에시의 집필 시기가 1552년으로, 젊은 작가 세대에 속하는 롱사르(Ronsard), 바이프(Baif), 뒤 벨리(Du Belly) 등이 라 보에시의 문헌을 거론했다고 말하기도 했다. 몽테뉴의 주장이 사실이라고 가정해 보자. 그렇다면 라 보에시의 필사본이 공개적으로 혹은 비밀리에 1548년에 발생했던 기엔 지방의 폭동에 관해서 언급하지 않을 하등의 이유는 없었을 것이다. 만약 라 보에시가 "노예 상태에서 해방되기를 원했던 인민들은 거의 언제나 성공을 거두었다"고 말하면서 기엔 지방의 폭동을 뇌리에 떠올렸다면, 그것은 오로지 풍자 내지는 비웃음과 같은 의미로 해석될 수 있다. 폭동이 무력으로 진압된 다음에도 "소금세"는 변함없이 불법적으로 징수되었다. 당시의 실제 사건은 라 보에시 문헌을 이해하는 데 있어 암시 내지는 저자의 사고 과정으로 생각될 수 있지만, 문헌이 시사하는 구체적 내용은 결코 아니다. 억압에 저항하는 자유로운 인민은 결국 승리를 거두어야 했을 테니까 말이다.

라 보에시는 문헌에서 기엔 지방의 농부와 보르도 지방의 시

민들을 염두에 두지는 않았다. 「자발적 복종」을 기옌 지방의
폭동과 관련 짓는 태도는 역사가 드 투(De Thou)로 거슬러 올
라간다. 드 투는 당시의 역사를 서술했는데, 다른 사람이 다시
금 드 투의 필사본을 수정 집필하였다.[16] 이 과정에서 라 보에시
의 문헌은 학문적으로 제대로 정리되지 않은 채 거론되었다. 게
다가 당시에 발생했던 사건들을 라 보에시의 문헌과 관련시키
는 것은 현대적 선입견에 근거한 태도이다. 그리고 문헌의 내용
이 당시의 정치적 사건들과 무관하다 하더라도, 「자발적 복종」
의 정치학적 중요성이 반감되는 것은 아닐 것이다. 나아가 당시
의 지식인들이 몰두했던 당면하고도 중요한 주제들, 가령 왕권
이라든가 종교 등에 관한 문제들은 여기서 주도적 의미를 지니
고 있지는 않다.

　예컨대 라 보에시는 국가의 성스러운 재화들을 단호하게 경
멸하고 있다. 독재자들은 이러한 재화들을 자신의 통치 도구로
삼고 있지 않는가? 신앙, 특히 기적을 불러일으키는 신앙, 고
대의 상징과 결부된 신화 이야기들은 모조리 인민의 눈을 멀게
하고, 독재자의 권력에 복종하게 하는 수단으로 쓰인다. 라 보
에시는 프랑스 왕들이 사용하던 "적색 왕기(Oriflamme)"와 프
랑스 인민들을 하나의 국가로 통합하기 위한 다른 상징 등에
대해 비아냥거린다. 이러한 태도는 이탈리아의 시인 아리오스

---

16. 드 투(1553-1617): 프랑스의 정치가, 사료 편찬학자. 드 투는 라틴어로 『당
　대의 역사(*Historia sui temporis*)』 18권을 1604년에 간행하였다. 특히 제2부
　종교전쟁 편은 금서 목록에 올랐다. 그렇지만 그의 서술은 냉정하고 객관적
　인 태도에 근거하고 있다.

토를 연상시키기에 충분하다.[17] 아리오스토는 당시에 이미 사멸된 기사 계급의 정신을 경쾌한 아이러니를 동원하여 찬양했다. 그가 묘사한 바람직한 기사의 상은 포에지의 영역 속에서 사라지게 된다. 라 보에시는 아리오스토의 문학작품을 읽었으며, 특히 『성난 올란도(Orlando furioso)』 가운데 일부를 프랑스어로 번역하기도 했다. 그는 작가들이 왕궁의 신화를 다룰 수 있다고 용인했는데, 이는 휴머니즘의 정신에서 비롯한 태도들 가운데 하나이다. 종교전쟁 이후에 장 보댕은 이에 대해서 정반대되는 입장을 제기했다. 비록 필연적 합리성에 근거하여 인간의 주권을 구성했지만, 보댕은 무엇보다도 군주제를 가장 훌륭한 것으로 평가하였다.

당시에 신교도와 구교도 사이의 투쟁은 한마디로 "사느냐, 죽느냐"의 문제로 치달았다. 그것은 과히 프랑스 국가를 양분시켜 놓았다. 따라서 논의는 시간이 흐름에 따라 결코 신앙인들의 부패라든가 참담한 처지 등과 관련되는 게 아니었다. 더욱이 사람들은 종교적 예식을 어떻게 달리 거행할 수 있는가 하는 사실적 문제에 집착하지도 않았다. 사람들은 끼리끼리 분파를 형성하고, 서로 피 흘리며 싸웠다. 그들은 자신들이 저지르는 모든 행위를 정당한 것으로 생각했다. "종교로 뭉친 사람들(ceux de la religion)"은 ─ 위그노 교도들은 기꺼이 자신들을 그

---

17. 아리오스토(1474-1533): 이탈리아의 시인. 서사시 『성난 올란도』는 너무나 유명하다. 이 작품은 이탈리아 르네상스의 예술적 경향과 정신적 자세를 가장 완벽하게 표현하고 있다. 그 밖에 아리오스토는 경쾌한 극작품들을 집필하여, 희극 발전에 지대하게 공헌했다.

렇게 명명하였는데 — 조용한 곳에 숨어 살면서 다른 예식을 거행하며 살려고 하지 않았다. 그들은 수도원을 습격하고 그곳에 살던 사람들을 밖으로 내쫓았다. 어디 그뿐이랴? 위그노 교도들은 교회를 점령한 뒤 제단을 파괴하고, 성 유물들을 불태워 없애기도 했다. 한편, 가톨릭교도들은 위그노 교도들을 때려 죽이거나 형틀에 묶어서 불에 태워 죽이곤 했다. 사람들은 다른 종교를 지닌 자에 대해서는 어떠한 관용도 베풀지 않았다. 여기서 진정 누가 누구를 위해 싸우는가 하는 물음은 결코 중요하지 않았다.

동시대인이라면 어느 누구도 이러한 심각한 종교적 갈등에서 벗어날 수 없었다. 그렇지만 이는 다음의 경우를 뜻하지는 않았다. 즉, 종파 간의 갈등이 정치적 싸움으로 비화되고, 종교에 관한 폭력적인 표현들이 정치 이론의 테마가 되는 경우 말이다. 정치가 신학적 논리에 의해 전개된다는 주장은 당시의 정치적·종교적 갈등과는 전혀 관계가 없다. 당시 유럽 지역에서 실천적 정치가와 정치 이론가들은 교회 국가를 항상 염두에 두었고, 공화국의 모든 실질적 정책을 이른바 교회라는 권력 수단에 입각하여 이해하고 있었다. 가령 마키아벨리, 귀차르디니(Guicciardini) 등은 이러한 공화국의 정치에서 어떠한 종교적 요소도 발견할 수 없었다.[18] 그 밖의 다른 사상가들은 이와는 달

---

18. 프란체스코 귀차르디니(1483-1540): 이탈리아의 정치가이자 역사가. 1526년 그는 메디치 가문 출신의 교황 클레멘스 7세 편에 가담하여 카를 5세 황제에 대항하였다. 그는 1537년부터 칩거하여, 1492년에서 1502년까지의 역사를 서술하였다.

랐다. 가령 루터, 칼뱅, 멜란히톤 그리고 베차(Beza)뿐 아니라,[19] 「폭정에 대항하는 정의」를 발표한 작가,[20] 그리고 위그노 교도 들 가운데 수많은 사람들이 구약성서와 신약성서에 씌어져 있 는 역사적이고도 교조적인 문장들을 과감하게 인용하였으며, 이것들을 국가의 법과 정치적 주장들을 정당화하는 데 활용하 였다. 라 보에시 역시 이를 채택하여 자신의 「1월 칙령의 회고」 라는 글에서 그대로 실천하였다. 그러나 그의 글은 그가 죽은 뒤에 종교 문제를 놓고 다투는 사람들 사이에 회자되었다. 엄밀 히 고찰하면, 라 보에시가 종교개혁가들과 처음부터 같은 생각 을 공유한 것은 아니었는데도 말이다.

가령 다음과 같은 질문은 라 보에시의 사상과는 상당히 거리 감이 있다. 과연 어디에서 왕권과 신권이 접목되고 있는가 하 는 물음을 생각해 보라. 왕의 신적인 권한, 신 앞에서 정치적 책 임을 지겠다고 하는 맹세, 법과 인민에 대한 왕의 입장 표명 그 리고 (성직자, 귀족, 평민으로 구성된) 삼부회와 조세 허용의 권한 등은 중세와 16세기의 정치 이론으로 다루어지고 있다. 그것들

---

19. 필립 멜란히톤(1497-1560): 독일의 인문주의자이자 종교개혁가. 그는 비텐 베르크에서 고대어 교수로 일하다가 마르틴 루터의 협력자로 일했다. 테오 도르 베차(1519-1605): 프랑스 출신의 스위스 신학자. 그는 종교전쟁 당시에 위그노 교도를 옹호하였으며, 칼뱅이 1564년에 사망한 후에 그의 후계자가 되었다.

20. 「폭정에 대항하는 정의(Vindiciae contra Tyrannos)」는 스테파누스 유니우스 브루투스라는 익명의 작가에 의해서 1579년에 발표되었고, 이에 대한 프랑 스어판은 1581년에 간행되었다. 이 문헌은 종교와 국가의 법을 하나로 일치 시켜 놓은 중요한 문헌이다. 여기서는 다음의 사항이 기술되어 있다. 즉, 권 력을 지닌 왕은 국법, 신 그리고 인민의 권리 앞에서 권력에 대해 책임지겠 다고 서약해야 한다는 것이다.

은 17세기에 이르면 자연법과 민법을 규정하는 수단으로 사용
된다. 모든 법률적 논의 사항들은 어디서든 간에 신학적 원칙에
의해서 개진되고 있다. 그렇지만 라 보에시는 이러한 방식을 의
도적으로 회피하고 있다. 라 보에시는 심지어 헌법에 관한 문제
들에 대해서도 언급을 회피한다. 헌법에 관한 문제들은 고대 이
래로 정치 이론으로 다루어져 왔음에도 불구하고 말이다. 가령
마키아벨리는 지배를 세 가지 형태로 설명하지 않았던가? 가령
지배 체제의 변종, 지배 체제의 변화, 그리고 지배 체제의 혼합
을 생각해 보라. 가령 가스파로 콘타리니(G. Contarini)는 베네치
아의 정치 모델의 장점을 해명한 바 있는데, 라 보에시 역시 그
의 글을 읽은 게 분명하다.[21]

　상기한 내용은 무엇을 의미하는가? 도대체 라 보에시의 문헌
이 어떠한 내용을 기술하고 있기에 사람들은 거기서 많은 신학
적 논의들을 발견하지 못하는 것일까? 문헌의 영향을 고려할
때, 라 보에시의 문헌에서 과연 무엇이 도출될 수 있는가? 그렇
다, 그의 문헌 속에는 신학과 법률의 역사 등에 관한 내용이 결
핍되어 있다. 이러한 사실 자체는 문헌의 영향을 지속적으로 이
어 가게 했고, 그것을 촉진하도록 작용한 것처럼 보인다. 자고
로 일상 정치에 관한 테마는 시간이 흐름에 따라 진부해지고,
법적 · 신학적 요구에 관한 당면한 논의들은 먼 훗날 새로운 논
의에 의해서 추월당하는 법이다. 처음에는 그다지도 파악하기
어려웠던 문제가 나중에는 하나의 장점으로 판명될 수도 있다.

---

21. 가스파로 콘타리니(1483-1542): 유명한 콘타리니 가문의 추기경, 학자로
　　알려져 있다.

당면한 현실적 계기와 결부되어 있지 않은 정치 서적은 나중에 결코 약화되지 않은 힘으로 주어진 새로운 사건과 접목될 수 있다. 물론 이러한 주장이 하나의 절대적 규칙이라고 단언할 수는 없다. 몇몇 서적들은 당면한 현실을 계기로 하여 고유한 영향력을 발휘하며, 후세의 상황에서도 조금도 약화되지 않은 채 제 기능을 행할 수 있다. 이를테면 존 밀턴(J. Milton)은 그의 『논박 문집(Areopagitica)』의 어느 글에서 출판의 자유를 위해서 열렬히 항변하고 있다.[22] 약 150년 후에 미라보(Mirabeau)는 밀턴의 글을 번역했는데, 글의 내용이 당면한 현실과 거의 상응하는 것이었기 때문에 수정할 필요성을 느끼지 않았다고 한다. 번역 시에 미라보가 고려의 대상으로 삼은 것은 어떤 정치적 계기가 아니라, 보편적 원칙에 관한 충분한 구체적 개념들이었다고 한다. 상기한 내용을 고려할 때, 라 보에시와 밀턴의 글들이 현실에 제대로 적용되려면, 세월이 흘러 주어진 상황이 바뀌어야 할지 모른다. 그래, 어느 의원은 바로 이 점을 정확하게 지적하였다. 이를테면 1794년 프랑스 국민공회에 참석한 의원들은 장 자크 루소의 사상을 진부한 유품으로서 판테온 신전으로 이전시켜야 마땅하지 않는가 하고 토론을 벌인 적이 있었다. 이때 어느 의원은 다음과 같이 말했다. "어떤 의미에서 고찰한다면, 프랑스 혁명은 우리에게 루소의 저작물 『사회계약(Contrat

---

22. 존 밀턴(1608-1674)의 『논박 문집』은 그의 문학작품 못지않은 중요성을 지니고 있다. 그것은 문체에 있어서 위엄과 개성을 지니는데, 밀턴은 이로써 비평의 신기원을 이룩했다. 『논박 문집』의 주요 테마는 종교의 자유, 문학의 자율성과 출판의 자유, 부패한 종교인 탄핵, 자유 공화정 옹호 등으로 이루어져 있다.

social)』을 실천적으로 해명해 주었습니다."

그렇다면 성 바르톨로메우스의 밤과 16세기에 자행되었던 종교전쟁은 과연 라 보에시의 「자발적 복종」과 직접 관련되어 있는가? 오늘날의 관점에서 볼 때, 우리는 결코 그렇지 않다고 생각한다. 왜냐하면 우리에게는 종교적 갈등 내지 종교전쟁과는 다른 어떤 당면한 문제가 현 상황에 더욱 근접하여 있고 혁명적인 것으로 보이기 때문이다. 오히려 라 보에시의 문헌은 이와는 반대로 시대를 뛰어넘고 있다. 오늘날 사람들은 성 바르톨로메우스의 밤을 어떻게 설명하는가? 우리는 굳이 라 보에시의 개념을 어렵사리 동원할 필요 없이 다음과 같이 설명하는 게 훨씬 적당할 것이다. 즉, 당시의 왕은 자신의 어머니에 의해서 조종당하고 있었고, 왕의 어머니 역시 그녀를 돕는 신하들에 의해서 조종당하고 있었다. 신하들은 원래 계획한 처형을 무제한 확장시켜 피바다를 불러오게 조처하였다. 그렇게 함으로써 그들은 가장 신속하게 그들의 권력을 신장시킬 수 있으리라고 믿었던 것이다.

상기한 내용을 그대로 서술한 사람은 「자발적 복종」의 저자가 아니라, 앞서 언급한 바 있는 「두 편의 대화 모음」의 "에우세비우스 필라델푸스 코스모폴리티카"와 『프랑스인들의 자명종 시계 그리고 그들의 이웃에 관하여』의 저자일 것이다. 이 문헌 속에는 개별적 이야기들이 산발적으로 아무런 관련성 없이 암유적으로 표현되어 있는데, 여기서 저자는 정치적 원칙에 관한 어떤 대화를 은밀하게 도출하도록 유도하고 있다. 저자가 끔찍한 학살의 이야기를 전한 까닭은 무엇 때문이었을까? 그것

은 다름 아니라 폭정의 원칙, 자발적 복종에 관한 담론, 그리고
이에 반대되는 통치 수단 등을 정치가에게 가르치기 위함이었
다. 당시에 간행된 대부분의 정치적 삐라는 왕의 권력을 제한하
는 대신에 귀족과 관청의 권한을 중요시하고 있다. 이에 반해서
앞에서 거론한 두 권의 문헌은 사회적 관련성을 고려하면서 민
주주의적 원칙을 추적한다. 만약 지배자의 폭력이 도를 넘어서
신하들에게 자행될 정도로 법을 무시하고 모든 것을 파괴한다
면, 인민은 저항권을 지닌다. 사람들은 이러한 언어를 잘 이해
했으며, 그것을 널리 퍼뜨렸다. 요한 피샤르트(J. Fischart)는 자
신의 제반 번역 작업을 위하여 「의연하고 정직한 독일의 만개
그리고 그러한 정서」에서 다음과 같이 묘사하고 있다.[23]

사람들은 블러드하운드를 블러드하운드라 명명해야 한다
그러면 그것은 정말 양이 아니다
사람들은 언제 이러한 명칭을 배울 수 있는가
그러면 엄격함 또한 알 수 있을 것이다

몽테뉴가 급진적 위그노들의 이러한 공격적인 저널리즘에 동
조하지 않은 것은 어쩌면 그다지 놀라운 게 아니다. 그는 라 보
에시와 마찬가지로 당시에 보르도 의회의 평의회 사람들과 친

---

23. 요한 피샤르트(1546-1590): 독일의 풍자 작가이자 번역가. 피샤르트는 종
교개혁에 동조하였다. 1574년 바젤 대학에서 법학 박사 학위를 취득한 뒤
주로 스트라스부르크에서 지냈다. 라블레의 『가르강튀아』를 산문으로 번역한
『기상천외한 이야기』와 『취리히의 행운의 배』(1576) 등이 있다.

분 관계를 맺고 있었으며, 두 번에 걸쳐 이곳 도시의 시장으로
일했다. 따라서 몽테뉴로서는 다른 종교를 믿는 사람들을 서로
화해시키고 타협 맺게 하는 일이 무엇보다도 긴급하다고 판단
했다. 라 보에시의 문헌은 앞에서 거론한 『자명종 시계』에 발췌
본으로 간행된 다음부터 더 이상 작가의 고유한 작품이 아니었
다. 그것은 오히려 라 보에시의 사상과 행위를 증언하는 글에
불과했다. 다시 말해서, 라 보에시의 문헌은 급진적인 태도를
취하는 신교도들의 어떤 정치적 선전물의 일부로 활용되고 있
었던 것이다. 이다지도 혼란스러운 시대에 과연 누가 주어진 영
향의 범위를 벗어나서 라 보에시의 문헌에 담긴 고유한 사상을
간파할 수 있었겠는가?

　라 보에시는 결코 신교도가 아니었다. 그는 개혁을 원했지만,
기독교 교회가 분열되는 것을 원하지는 않았다. 당시 콜리니
(Coligny) 장군은 다음과 같이 주장하였다. 즉, 프랑스인들은 스
페인과의 전쟁과 내전 가운데 하나를 선택할 수밖에 없다고 말
이다.[24] 추측컨대 라 보에시는 콜리니 장군의 이러한 주장에 대
해서 분명히 이의를 제기했을 것이다. 상황은 라 보에시의 필사
본이 전파된 이래로 더욱 어렵게 되었으며, 질병은 더 널리 퍼져
나갔다. 종교 분쟁을 종결시키기 위한 미셸 드 로피탈(Michel de
l'Hospital) 수상의 중재 정책은 오랜 노력에도 불구하고 관철될

24. 가스파르 드 샤피롱 콜리니(1519-1572): 프랑스의 장군. 그는 신교도에 동
　정적이었으며, 샤를 9세의 도움으로 프랑스에서 카트린 드 메디치(샤를 9세
　의 어머니)의 세력을 몰아내려고 의도하였다. 그러나 그는 카트린 드 메디치
　의 간계로 발생한 바르톨로메우스의 밤 사건으로 인하여 살해당했다.

수 없었다.[25] 심지어 독재 여군주 치하의 고위 귀족들 사이에서
도 신교도들을 옹호하고 그들에 대해 동정적인 태도를 취하는
사람들이 없지는 않았다.[26] 그럼에도 이들은 소수였고, 어지러
운 사회를 진정시킬 수는 없었다.

따라서 몽테뉴가 정치적 선전물로 활용된 라 보에시의 문헌
에 대해 비판적 거리를 취한 것은 자명하다. 그런데 라 보에시
는 일찍 사망했으므로, 샤를 9세의 통치를 직접 체험하지 않았
다. 그럼에도 라 보에시의 문헌이 샤를 9세의 통치 시기와 직결
된 사상적 문헌 모음집 속에 포함되어 간행되었다는 사실은 더
욱 기이하지 않을 수 없다. 우리는 앞에서 다음의 사항을 거론
한 바 있다. 즉, 라 보에시의 문헌 속에는 동시대의 당면한 문제
들이 수없이 생략되어 있으며, 그럼에도 불구하고 「자발적 복
종」은 당시의 선동 선전을 위한 정치적 문헌을 보완하고 있다
고 말이다. 그렇다면 라 보에시의 문헌은 어떠한 이유에서 유형
적으로 독창적인 특성을 지니고 있는가? 수많은 기본적 개념은
충분히 분석되지 않았으며, 자연법칙들은 정치적 사고 속에서

---

25. 미셸 드 로피탈(1505-1573): 프랑스의 수상. 찬란한 공직 경력을 바탕으로
  샤를 9세의 수상으로 추대되었다. 그는 종교 분쟁을 막으려고, 1562년에 생제
  르맹 칙령의 초안을 작성하였다. 그는 라 보에시와 함께 종교 분쟁을 종결지
  으려고 애썼으나, 성 바르톨로메우스의 밤 학살 사건에 충격을 받아 숨졌다.
26. 여기서 말하는 여군주란 카트린 드 메디치(1519-1589)를 가리킨다. 그녀는
  오로지 프랑스 왕권을 수호하기 위하여 처음에는 오랫동안 신교도에 적대
  적 태도를 취했다. ("바르톨로메우스의 밤"의 학살 사건도 그녀의 술수에 의해 발
  생한 것이다.) 그러나 나중에는 신교도로 돌아서서 가톨릭교도, 특히 스페인
  정권에 대항하려고 했다. 그녀의 마지막 평화 정책은 너무 때늦은 것으로 판
  명된다. 그녀의 죽음으로 프랑스의 발루아 왕조는 종언을 고한다.

도 그렇게 많은 수를 확보하지 못하고 있다. 아무리 종교전쟁으로 인하여 시대가 혼란스러웠다고 하더라도, 정치학의 어떤 원칙을 발전시키는 작업이 당시에는 불가능했다고 감히 잘라 말할 수 있을까?

이러한 질문들은 분명히 말해 정확한 답을 찾기 힘든 것들이다. 그렇지만 이러한 질문을 통해서 우리는 오로지 어떤 현실적인 무엇만을 고려하던 역사적 시대에 대한 여러 가지 가능성들을 성찰할 수 있을 것이다. 그렇다고 해서 우리는 역사적·정치적 사고의 원칙들이 마치 16세기에 포착되어 논의된 것처럼 지레짐작해서는 안 될 것이다. 그것은 18세기 중엽까지 오랜 시일을 요하는 것들이었다. 나중에 사람들은 역사적·정치적 사고의 여러 원칙들을 책에서 발견하여, 이를 이해하고, 다시 새롭게 창안하게 되었던 것이다. 비록 근본적 원칙들은 원래 단순한 것들이며, 가장 기초적인 경험은 역사에서 으레 반복되어 나타나지만 말이다.

정치적 사고는 이렇듯 아주 느릿느릿 발전하는데, 이는 과히 다른 데서 찾아볼 수 없는 것이다. 이에 관해서 샹포르(Chamfort)는 다음과 같이 언급하였다.[27] "몇몇 위대한 사람들은 인간의 품위를 짓누르는 여러 가지 편견들과 싸우는 데 평생을 바칩니다. 그들의 명성은 바로 여기에서 기인한다는 사실이 기

---

27. 니콜라스 드 샹포르(1741-1794): 프랑스의 작가. 프랑스 혁명을 지지하였다. 자코뱅당과의 갈등 관계로 체포되어 죽었다. 그의 아포리즘은 매우 유명하고, 희극과 비극 작품은 몰리에르와 라 퐁텐에게 커다란 영향을 받은 바 있다.

이하지 않습니까?" 그렇다, 몇몇 철학자는 (캐나다의 어느 원주
민을 기겁하여 혼비백산 도망치게 하는) 미신적 이념들에 대항하는
위대한 책을 집필하였다. 그들의 명성은 어쩌면 여기에서 기인
하는 게 아닐까? 가령 몽테스키외와 그 밖의 다른 작가들의 명
성은 어디에서 기인하는 것인가? 샹포르는 다음과 같이 말한
다. "어쩌면 인간의 품위를 빼앗는 수많은 선입견들을 주시하
면서 다음의 사실을 냉철하게 간파했기 때문에 그들은 오늘날
까지도 명성을 얻고 있습니다. 즉, '지배자는 수많은 피지배자
들을 위해서 존재하는 것이지, 수많은 피지배자들이 지배자를
위해서 존재하는 것은 아니다'라는 사실을 생각해 보십시오.
만약 철학자들의 꿈이 정말로 현실에서 성취된다면, 후세 사람
들은 이에 대해 어떻게 말할까요? 그렇게 단순하고도 자연스러
운 결론들을 실현하기 위해서 옛날 사람들이 그렇게 많은 힘든
노력을 기울였다고 말하겠지요."[28]

여기서 중요한 것은 하나의 사고가 형성되는 정확한 시점이
언제인가 하는 물음은 아니다. 이보다 중요한 것은 다음과 같
은 경우이다. 어떤 사상이 많은 사람들에게 공개적으로 전해지
더라도 더 이상 이해되지 않는 경우를 생각해 보라.[29] 정치적 세

---

28. 이는 참으로 놀라운 발언이 아닐 수 없다. 우리는 역사의 기능을 고려하며
이를 성찰해야 할 것이다. 자유롭게 살아가는 현대인들은 자유의 진정한 의
미를 알지 못한다. 자유란 부자유에 대한 과거 사람들의 투쟁의 대가로 주
어지는 것이다. 역사적으로 사람들이 자유를 쟁취하기 위해서 얼마나 많은
피를 흘려 왔는가?

29. 제논(Zenon)은 미분학에 관해 골똘히 생각한 적이 있다. 그러나 당시의 시
대는 미분학을 요청하지 않았다. 스파르타쿠스의 비극적인 죽음은 아직 발
효되지 않은 사회적 분위기의 결과이다. 노예 경제 사회에서 거대한 무산계

계의 법칙들은 물리적 세계의 그것들처럼 그렇게 스스로 명징하게 빛을 발하지 않는다. 그것들은 사회적으로 인식되고 검증되어야 비로소 찬란한 빛을 발할 수 있다. 당대에 주어진 이데올로기를 생각해 보라. 세상에는 언제나 새로운 법칙에 대항하여 격렬하게 반응하는 주도적 견해의 흐름들이 온존하는 법이다. 물리적 혁명은 고대의 관찰 방법과 그로 인한 결론 등에 바탕을 둔 것이었다. 사람들은 이러한 혁명을 다시 반박했다. 물리적 혁명이 새로이 불붙기 전에 필요한 것은 사람들의 처절한 노력들이었다. 언젠가 누군가 지구 중심설에 따라 질서 잡힌 어떤 폐쇄적·계층적 우주론을 반박한 적이 있다. 이때 권력을 지닌 사람들은 이를 정치적 세계를 뒤집는 혁명적 견해라고 단정하고, 이에 대해 무력으로 저항한 바 있다.

　우리는 지배 권력을 신에 의해서 주어진 실체로 바라보아서는 안 된다. 왜냐하면 지배 권력이란 얼마든지 변화 가능하기 때문이다. 사회 역시 수직적 계층으로 차단된 형체가 아니라 인간들이 살고 있는 동질적 공간으로 이해되어야 한다. 이러한 공간에서 인간은 동일한 관계로 구분되어야 마땅하다. 이는 기존 체제를 전복시키는 입장으로 이해될 수 있으며, 전적으로 불법적인 것이라고 단정할 수는 없다. 인민의 인권을 중시하고 평등한 존재로서의 인간을 용인하는 사고는 하나의 이데올로기로 온존하는 어떤 세계상을 파괴하는 행위를 통해 실현될 수 있다. 이러한 세계상은 인간을 눈멀게 하고 자발적 의지를 기만하도

급 혁명을 기대한다는 것은 불가능했다.

록 조종하는 술수에 기반을 두고 있지 않는가? 만약 세상이 인간의 자유를 제한하고, 수직적·계층적 질서만을 공고히 한다면, 사람들은 과감하게 저항하여 이러한 세계를 혁신시켜야 할 것이다.

상기한 부자유와 불평등의 세계를 인식하기 위해 우리가 필요로 하는 것은 오로지 인간의 본성과 이성일 것이다. 만일 "새로운 시대"가 자유와 평등의 세계를 건립하기 위한 시대가 아니라면, 진정으로 새로운 시대는 아직 시작되지 않았다. 라 보에시에게서는 진정한 새로운 시대를 살아갈 어떤 시민의 모습이 보인다. 게다가 그가 남긴 문헌은 진정으로 새로운 시대에 상응하는 건축물을 축조하기 위한 하나의 초석에 다름 없을 것이다.

2. 라 보에시의 작품과 그의 시대

하인츠 요아힘 하이도른[1]

I. 그의 생애와 환경

에티엔 드 라 보에시의 짧은 생애는 프랑스 역사의 격동기에 속한다. 그가 1530년 11월 1일 사를라에서 태어났을 때, 프랑스 인민은 자유로운 의식을 완전히 밖으로 분출하고 있었다. 이는 가령 라블레(Rabelais)의 작품 속에서 지하 감옥을 때려 부수는 새로운 인간형으로 묘사된 바 있다.[2] 라 보에시가 죽고 25년 후에 파리의 인민은 역사상 최초로 바스티유 감옥을 습격한다. 라 보에시는 불과 18세 때에 「자발적 복종」을 완성했다고

---

1. 하인츠 요아힘 하이도른(1916-1974): 1961년부터 1974년까지 프랑크푸르트 대학에서 정치학 교수로 일했다. 그는 "사회주의학생연맹(SDS)"에 동조하여, 사민당으로부터 제명당하기도 했다. 최근에 9권으로 이루어진 전집이 판도라 상자 출판사에서 간행되었다.
2. 라블레(1494-1553): 프랑스의 신학자, 인문학자. 그는 『가르강튀아』, 『팡타그뤼엘』을 썼는데, 낡고 고루한 스콜라철학과 가톨릭교회의 수도원 제도 그리고 전쟁을 일삼는 군주들을 조소하였다.

하는데, 이 글은 거대한 과도기의 모순을 그대로 보여 주고 있다.

불안과 전쟁이 프랑스 전역을 뒤흔들었으며, 대량 학살이 비일비재하게 발생하였다. 말하자면 몰락하는 중세에 살던 사람들은 견디기 어려운 극도의 고통과 투쟁한다. 종교개혁과 휴머니즘 운동은 제각기 다양한 양상을 띠고 있었으나 서로 적대적이었다. 이는 도래할 절대왕정의 첫 번째 징후들로 인식된다. 프랑스에서는 초기 자본주의가 르네상스와 칼뱅주의의 이념으로 출현한다. 이러한 이념은 만인이 제각기 위대한 개인성을 깨닫고 그것을 현실에 적용시킨 자아 경험의 한 표현일 것이다. 당시의 경제적 상황은 헤아릴 수 없는 많은 혼란 속에 처해 있었다. 무엇보다도 신대륙으로부터 많은 귀금속이 유입되었기 때문이다. 투기 사업은 커다란 붐을 일으키고, 재산 상태는 현저하게 변화한다. 이 시기의 사람들은 새로운 산업을 일으키고 화폐를 축적하지만, 화폐 가치는 떨어진다. 왕의 세력은 점점 미약해지는 반면에, 시골의 소지주 계급이 넓은 지역을 장악한다.

이러한 경제적 관련성은 무엇보다도 장 보댕이 1588년에 발표한 「화폐 가치의 절상과 절하에 관한 논고(Discours sur le rehaussement et la diminution des monnoyes)」에서 분명하게 분석되고 있다. 이 시기에 중세와 르네상스 시기 사이의 정신적 관련성을 찾기란 몹시 어렵다. 사람들은 고대 그리스와 로마를 회상함으로써 앞으로 도래할 미래 사회를 구상하게 된다. 중세는 서서히 붕괴되고 있었다. 이는 아베로에스가 아리스토텔레

스에 대한 해설을 발표한 이후부터 나타났다. 말하자면 고대가
발전된 시대로 이해되기 시작했던 것이다. 이로써 미래의 기초
가 마련되었으며, 사회적인 모든 가능성이 준비되었다.

아버지를 일찍 여읜 라 보에시는 그의 삼촌에 의해 양육되었
다. 당시 사를라는 학자들이 인문주의를 연구하던 작은 중심지
가운데 하나였다. 라 보에시의 짧은 생애에서 볼 수 있듯이, 그
는 일찍부터 고대 문학을 접하며 교육받았다. 지난 몇 세기 동
안 실행되어 온 빠르고도 차원 높은 고등교육을 염두에 둔다
면, 그러하다. 라 보에시의 글을 살펴보면, 젊은 그는 세계문학,
즉 베르길리우스, 오비디우스, 플라우투스(Plautus), 테렌티우
스, 아리스토파네스(Aristophanes) 등의 작품을 정신적 자유의
표시로 내세운 것 같다. 1811년 연감에는 다음과 같이 적혀 있
다. "실제로 라 보에시는 16세 때부터 이미 크세노폰과 플루타
르코스의 여러 작품들을 번역했다."³ 이러한 진술은 오늘날 사
실로 판명되고 있다. 라 보에시는 젊은 나이에 라틴어와 그리스
어로 시를 썼다고 알려져 있다. 이는 놀라울 정도로 조숙한 그
의 재능을 증명하고 있다.

사를라에서 교육을 마친 뒤 라 보에시는 추측컨대 파리로 향
한 것 같다. 논문 「자발적 복종」에서 칠성시파의 한 시인을 언
급한 것을 통해 우리는 다음의 사항을 추론하게 된다. 즉, 라
보에시는 칠성시파 몇 사람과 개인적으로 친했다는 것이 바로
그것이다. 물론 「자발적 복종」은 1548년에 씌어졌고, 칠성시파

3. 원문은 다음과 같다. "En effet, dès l'age de seize ans, il avait déjà traduit
plusieurs ouvrages de Xénophon et de Plutarque."

의 성명서는 1549년에 발표되었다. 이 사실을 고려한다면, 라
보에시는 시인 롱사르에 관한 이야기를 나중에 첨가한 것 같
다. 「자발적 복종」의 내용 및 주제를 고려한다면, 라 보에시는
파리에서 조지 뷰캐넌(G. Buchanan)의 강의를 열심히 들은 것
같아 보인다.[4] 어쩌면 라 보에시는 더 일찍 뷰캐넌을 만났는지
도 모른다. 뷰캐넌의 영향은 라 보에시의 논문에서 너무나 명징
하게 드러나기 때문이다. 그는 스코틀랜드에서 이민 온 사람으
로서 『스코틀랜드의 왕권에 대하여(De iure regni apud scotos)』
를 저술하였다.[5] 뷰캐넌은 여러 해 동안 계속되는 폭정에 항거
하는 인민의 봉기를 대변하고 있었다. 우리는 라 보에시가 파
리에 체류했다는 증거를 찾을 수 없다. 그럼에도 다음의 사실
은 확실하다. 즉, 그가 뷰캐넌에게서 배운 다음, 오를레앙에서
학업을 계속하여 그곳 대학에서 학사 학위를 취득했다는 사실
말이다. 이는 라 보에시가 1548년에 오를레앙 대학에 입학했

---

4. 조지 뷰캐넌(1506-1582): 스코틀랜드 출신의 인문주의자, 교육자, 작가. 그
  는 프란체스코 교단을 신랄하게 비판하여 이교도로 몰려 투옥된다. 그러나
  그는 탈옥하여 보르도에 있는 기엔 지방에서 교사로 일한다. 그곳에서 몽테
  뉴를 직접 가르치기도 했다. 에우리피데스의 『메데아』, 『알케스테스』 등을
  라틴어로 번역하였다. 1550년대 이후에 뷰캐넌은 가정교사로 살면서, 시집
  『천체에 관하여(De sphaera)』(1559)를 발표하였다. 특히 그의 작품 『밥티스
  트(Baptistes)』(1534), 『제프테스(Jepthes)』는 독재자 군주를 신랄하게 비판하
  고 있는데, 라 보에시는 이러한 작품에 커다란 영향을 받은 것 같다.
5. 뷰캐넌의 『스코틀랜드의 왕권에 대하여』는 대화체로 씌어진 글인데, 1579년
  에 라틴어로 발표되었다. 당시의 정황으로서는 너무나 급진적인 내용을 담
  고 있었으므로, 1683년 옥스퍼드 대학에서 분서갱유 처분을 당한다. 뷰캐넌
  에 의하면, 왕은 과오를 범하기 때문에 법으로 통제되어야 하며, 법의 배후에 있
  기 때문에 법을 지켜야 한다. 만약 왕이 이를 어기면, 신하는 왕을 모실 의무가 없
  다. 따라서 인민의 반란은 가능하고, 폭군은 처형될 수도 있다는 것이다.

다는 사실에 근거를 두고 있다. 같은 해 그의 고향에서 멀리 떨어지지 않은 보르도에서 피비린내 나는 학살 사건이 발생했다. 소금에 대한 세금 징수 때문에 그 같은 불행이 일어났다. 자크 뱅비유(Jacques Bainville)는 그의 책『프랑스의 역사(*Histoire de France*)』에서 다음과 같이 언급하고 있다. "화폐 가치가 떨어지고 생활수준이 어느 정도 높아졌다. 신대륙으로부터 금이 갑작스럽게 유입되었으며, 이는 불경기를 초래했다. 소시민계급이 가난해지자 이는 정치적 반대 세력에게 좋은 기회를 제공했다."[6] 1548년 10월 9일 인간을 혹사하는 폭군이라고 불리는 안드 몽모랑시는 도시를 점령하여 인민을 마구 죽였다. 라 보에시는 자신의 제2의 고향인 보르도가 완전히 파괴되는 것을 방관할 수는 없었다.

그 당시 오를레앙에는 소르본 다음으로 중요한 대학이 있었다. 그곳은 비평적 사조와 개혁적 분위기가 흘러넘치는 지역이었다. 라 보에시는 1548년에서 1550년 사이에 오를레앙에 머물면서 법학사 학위를 받는다. 그는 자신의 전공인 법률 연구 외에도 고전문학에 더욱 몰두한다. 그의 이름은 인문주의자들의 모임에서 대단한 평판을 얻는다. 그는 그리스어, 라틴어, 그리고 프랑스어를 완벽하게 구사했다. 이와 관련하여 모리스 라(Maurice Rat)는 다음과 같이 기술한 바 있다. "그는 고대 문학에

---

6. 자크 뱅비유(1879-1936): 프랑스의 역사가이자 정치가. 그는 왕당파이자 민족주의를 표방하였다. 그의 작품은 제2차 세계대전까지 프랑스 민족주의 운동에 커다란 영향을 끼쳤다. 『3세대의 역사(*Histoire de trois génération*)』(1918)가 대표작으로 꼽힌다.

열광했고, 그리스어와 라틴어로 된 시를 지어서 친구들에게 보냈으며, 그리스 언어와 문학의 내적 본질을 가장 예리하게 간파한 동시대인들 가운데 한 명으로 간주되었다."[7]

라 보에시가 그리스 문화에서 얻은 것은 자유의 정신이며, 개인적 자아의 확인이었다. 또한 그는 스스로 노력하여, 고대가 아주 커다란 가치를 지니고 있다는 사실을 발견하였다. 결국 라 보에시는 "콘스탄티노플에서 망명한 사람들"에게서 이교도적인 자아 도취감을 얻게 되며,[8] 간접적으로 흘러들어온 신플라톤주의의 영향을 크게 받는다. 이러한 사상은 교단(敎團)에 의해서 그리고 훗날에 공산주의 국가에 의해 채택되었다. 라 보에시는 아주 중요한 은사들을 접하였다. 은사들 가운데에는 안 뒤 부르라는 학자가 있다. 안 뒤 부르는 당시에 가장 격정적이고도 용기 있는 정신을 지니고 있었다. 이 시민법 교수는 프로테스탄트로 개종한 때문에, 1559년 바스티유 감옥에서 끝내 화형 당했다.

라 보에시는 이러한 사회적 배경 및 분위기에서 살았고, 폭넓게 교육을 받았다. 대학 입학 후에 그는 혁명적 이성을 방해하는 모든 소외감을 떨쳐버리고, 최초의 민중 봉기가 있기 전에

---

7. 인용문은 프랑스어로 씌어져 있다. "Il se passionait pour la philologie antique composait des poèmes grecs et latins, qu'il envoyait à ses amis, et fut bientôt réputé comme l'un des hommes de son temps qui avait le mieux pénétré le secrets de la langue et de la littérature grecques."

8. 이것은 기독교의 비정통파인 "아리우스파" 신도들을 가리킨다. 아리우스파는 325년 니케아 종교회의에서 "하나님과 그리스도는 동질(同質)이 아니다"라고 주장하여, 콘스탄티노플에서 추방당한다.

재능 있고 훌륭한 언어로써 위대한 저술, 「자발적 복종」을 완성
했다. 마치 아르튀르 랭보(A. Rimbaud)가 "충분히 살폈다. 어떠
한 곳에서도 나는 무엇을 몽상한다"라고 읊었듯이,[9] 우리는 다
음과 같이 말할 수 있다. 즉, "충분히 파악했다. 당시의 모든 분
위기와 그의 견해는 일치하고 있다."

　라 보에시의 당시 나이는 18세에 불과했다. 그러나 그는 세
상의 모든 모순에 대해 항거하다가 죽거나, 혹은 자존심을 상
하지 않고 살아가게 하는 세상과 화해하는 것을 전적으로 혼
자 결정할 정도로 어른스러웠다. 이는 몽테뉴에 의해서 알려졌
다. 몽테뉴는 라 보에시를 가장 잘 알고 있었다. 나중에 그는 자
신의 말을 번복하였다. 1892년 폴 본느퐁(Paul Bonnefon)에 의
해 간행된 『자발적 복종』의 서문에는 다음과 같이 기록되어 있
다. 즉, 몽테뉴는 1588년 논문집을 간행할 당시에 라 보에시의
교정 원고에다 함부로 줄을 그어댔으며, 이때 라 보에시의 나
이 16세 때에 이 글이 집필되었다고 첨가하였다. 이렇게 주장한
까닭은 다음의 사실에서 기인하고 있었다. 즉, 라 보에시의 급
진적 사상을 담은 이 원고는 이미 영향력을 떨치고 있었던 것이
다. 몽테뉴의 주장에 의하면, 라 보에시는 불과 16세의 나이에
논문을 집필했으므로, 정치적 의식을 아직 지니지 않은 채 사악
한 의도 없이 추상적으로 글을 썼을 뿐이다. 또한 그는 그저 문
장을 연습하듯 이 논문을 완성했다고 한다. 따라서 사람들은
라 보에시의 성실성을 나무랄 수 없다는 것이다.

---

9. 원문은 프랑스어로 씌어져 있다. "Assez vu. La vision s'est rencontrée à
　 tous les airs."

"이 작품에 관한 소재는 그가 어릴 때, 말하자면 단지 문장 연습을 위해 날마다 수천 행을 필사한 것으로써 그는 이 작품을 만들었다." 이러한 발언을 그럴듯하게 만들기 위하여 몽테뉴는 다음과 같이 덧붙였다. "만약 그에게 출생의 선택권이 주어졌다면, 그는 사를라가 아니라 베네치아에서 태어났을 게 분명하다." 상기한 말을 고려할 때, 몽테뉴는 라 보에시의 공화주의적인 태도를 전적으로 부인한 것은 아니었다. 그는 매우 신중한 사람이었고, 라 보에시가 죽은 뒤 친구에게서 지대한 영향을 받은 계몽주의자였다. 그럼에도 그는 진실을 말하지 않고 모든 것을 회피해 버렸다.

학업이 끝날 무렵 보르도 지방 의회는 라 보에시를 부른다. 1553년 1월 20일, 22세가 채 되지 않은 라 보에시는 지방 의회의 의원으로 발탁된다. 원래 의원이 되려면 25세가 넘어야 한다는 규정이 있는데도 사람들은 그를 특별히 의원으로 선정했던 것이다. 당시 그의 선임자는 기욤 드 뤼르 드 롱가(Guillaume de lur de Longa)였다. 롱가는 뷰캐넌과 스칼리거(Scaliger)와 돈독한 친분을 맺고 있었다. 라 보에시의 직책은 변호인(advocat)이었다. 말하자면 그 전에 그는 어떤 명성을 누린 게 분명하다. 라 보에시는 어려운 일을 쉽게 완수해 내었으므로, "판결위원회의 최고 책임자(comme l'oracle de cette compagnie)"의 직책을 얻게 된다. 그는 1554년 말부터 1555년 봄까지 마르게리트 드 샤를이라는 여자에게 끊임없이 연애 편지를 보냈다. 그리하여 라 보에시는 그녀와 결혼하여 1남 1녀를 낳았다. 마르게리트 드 샤를은 지방 의회 의장의 여동생이자 과부였다. 1558년 당시 라

2. 라 보에시의 작품과 그의 시대

보에시는 지방 의회 소속이던 미셸 드 몽테뉴와 깊은 우정을 쌓는다. 그리스 시대의 진정한 우정의 표본이 된 이러한 관계는 라 보에시의 사고를 한층 더 발전시켜 주었다. 나아가 라 보에시는 칠성시파의 시인들과 변치 않는 유대 관계를 맺었다.

라 보에시는 「자발적 복종」에서 롱사르를 찬양한 바 있다. 이것이 계기가 되어, 그는 롱사르와 특별한 관계를 맺는다. 또한 안 뒤 부르의 제자인 랑베르 다노(Lambert Daneau)와도 친교를 맺는다. 이 무렵에는 커다란 정치적 사건이 발생하지 않았다. 이 시기에 라 보에시는 판결문을 작성할 때 인민이 이해하기 쉽도록 프랑스어로 일일이 옮겨 쓰곤 했다. 그가 쓴 판결문을 읽으면, 우리는 그가 얼마나 고대 그리스 시대를 애호하고 있었는가를 알 수 있다. 1560년 아리스토파네스의 희극이 상연되었을 때, 사람들은 현 정부에 대해 불만을 털어놓았다. 그는 의회와 인민들 사이의 중재 역할을 기꺼이 맡는다. 이 소요 사건은 자유사상이 보르도에도 도래했음을 암시해 준다. 라 보에시는 결국 연극의 자유를 인정해야 한다는 입장을 취했다. 같은 해에 라 보에시는 젊은 왕 샤를 9세에게 충성을 맹세하기 위한 사절단의 일원으로 파리로 향했다.[10] 돌아오는 길에 라 보에시는 자유사상과 인간적 품위를 겸비한 미셸 드 로피탈로부터 영접을 받았다. 그의 영접에는 종교 대립을 무마시키려는 의도가 담겨

---

10. 당시 프랑스 왕과 여러 지방의 제후 사이에는 묘한 이해관계가 얽혀 있었다. 왕은 자유도시에서 성장한 상인들의 비호를 받고 있었으나, 지방의 실권은 제후들이 장악하고 있었다. 이러한 제후들은 오래 전부터 바티칸 혹은 아비뇽의 교황권의 비호를 받고 있었다. 약 100년 후 절대왕정 시대에 이르러 왕의 권한이 막강해진다.

있었다. "현 상황에 대한 로피탈의 견해는 라 보에시의 개인적 감정과 거의 일치하고 있었다."[11]

1561년 마침내 라 보에시는 중요한 사절의 임무를 맡는다. 그해 1월 왕의 어머니 카트린 드 메디치는 국왕 보좌관인 뷔리(Burie)를 아장으로 급히 파견했다. 아장에서는 신교와 구교 사이의 갈등이 첨예한 투쟁으로 발전하고 있었다. 신교를 믿는 개혁주의자들이 실리를 위해 투쟁을 중단했기 때문에, 군대의 도착 직후 도시는 약간 평온을 되찾으나, 이는 일시적이었다. 뷔리 보좌관은 곧 아장으로 돌아가라는 명령을 받는다. 10월 23일 뷔리는 보르도 지방 의회에서 왕의 칙서를 잘못 읽어, 라 보에시로 하여금 왕의 제의를 받아들일 것을 선서하게 했다. "뷔리 보좌관은 왕의 명령을 따르기 위해 자신이 에티엔 드 라 보에시라는 사람과 함께 아장 지방으로 가는 게 잘못이 없음을 재확인해 줄 것을 재판소에 탄원했다."[12]

10월 3일에 라 보에시는 아장으로 향했다. 도저히 화해할 수 없는 대립 상태에서 라 보에시는 양측 세력에게 놀랄 만한 타협을 요청한다. 그리하여 모든 독단적인 의무감에서 벗어난 객관적 입장에서 하나의 의견을 제시했던 것이다. 예컨대 라 보에시는 같은 땅에 있는 중앙 성당을 구교도에게 넘겨주고, 두 번째 성당을 신교도에게 넘겨주려고 했다. 다른 곳도 마찬가지로 중

---

11. 이는 프랑스어로 씌어져 있다. "qui coïcidaient trop bien avec le senti-ment personnel de La Boetie sur la situation présente."
12. 이 문장은 프랑스어로 씌어져 있다. "supplia la Cour de ne trouver mauvais, si pour le service du roi, il menait avec lui, au pays d'Agenais, M. Etienne de La Boetie."

앙 성당을 가톨릭교도에게, 다른 성당을 프로테스탄트 교도에
게 넘겨주려고 했다. 이러한 조처는 테오도르 드 베즈(Theodore
de Bezes)의 의견과 반대되는 것이다. 드 베즈는 "로마가톨릭교
회에 대해서는 걱정할 바 없다"면서, 구교의 입장을 그대로 고
수한 바 있다. 라 보에시의 이러한 신성한 제안에도 불구하고,
사람들 사이에는 갈등이 고조된다. 1561년 11월 16일 갸오르에
서 대대적인 학살 사건이 발생하였다. 1562년 말경에 라 보에
시는 「1월 칙령의 회고(Les Memoires sur l'édit de janvier)」를 집
필한다. 목숨을 유지하기 위하여 라 보에시는 이 기간에 세부적
사항들을 하나씩 결정해야 했다. 샤를 9세의 어머니, 카트린 드
메디치는 로피탈의 권유대로 신교도들의 예배 금지 조항을 담
고 있는 1561년 7월 11일의 칙령을 철폐하고, 보편적인 관용의
토대를 마련하자는 칙령을 내렸다. 말하자면 그녀의 머릿속에
는 사람들이 푸아시(Poissy)에 모여 토론하도록 한다는 계획이
있었던 것이다. 그리하여 1562년 1월에 생제르맹 평의회는 이
른바 "1월 칙령"을 발표했다. 이것은 낭트 칙령을 제외한다면,
역사상 가장 자유롭게 화해를 갈구한 칙령으로 알려져 있다.

  몇 주 후에 프란츠, 귀이즈, 그리고 바시 등의 지역에서 10년
간 지속된 피비린내 나는 위그노 전쟁이 시작되었다. 라 보에시
는 끔찍한 투쟁을 외면할 수 없었으므로, 어쩔 수 없이 전투에
휩쓸리게 된다. 이때 그는 「1월 칙령의 회고」에서 자신의 견해
를 분명히 밝힌다. 라 보에시는 미셸 드 로피탈과 정신적 일치
감을 느꼈으며, 그와 함께 행동했다. 끔찍한 살육전이 도처에서
발발했을 때 보르도는 심각한 위급 상태에 빠진다. 지방 의회는

1,200명의 군인과 12명의 평의원을 소집하였다. 라 보에시는 평의원 가운데 한 사람으로 발탁되었다. 전쟁의 와중에 페스트가 창궐하고 많은 사람들이 배고픔에 허덕였다. 라 보에시 역시 전염병과 기아에 시달린 게 틀림없다. 8월 14일 토요일, 라 보에시는 유언장을 미리 작성하고 자신이 남긴 글들을 몽테뉴에게 넘긴다. 1563년 8월 18일 수요일 아침 세 시경에 그는 전쟁터에서 사망한다.

　라 보에시의 삶에 관한 이야기는 이처럼 아주 빈약하다. 그것은 주로 몽테뉴에 의해서 보완될 뿐이다. 몽테뉴는 자신과 라 보에시의 우정을 다음과 같이 말한다. 두 사람은 "내밀하게 그리고 완전무결할 정도의 우정"을 쌓았다. "이러한 우정은 다른 어떤 것과도 비교할 수 없는 것이다. 오늘날 사람들 사이에서 이러한 우정의 흔적은 거의 발견되지 않을 정도이다." 몽테뉴는 라 보에시를 사랑했다고 한다. "라 보에시는 나를 좋아했고, 나 또한 그를 좋아했다." 말로 표현할 수 없는 이해심이 두 사람 사이에 내재되어 있었다고 한다. "우리 두 사람은 어떤 거역할 수 없는 힘에 의해 결합된 것 같았다. 우리는 만나기 전부터 상대방을 찾으려 했다." 어떤 깊은 친화력이 두 사람 사이에 존재했으며, "이름만 듣고도 우리는 서로 포옹하였다." 도시의 어느 축제일을 계기로 하여 처음 만났을 때 두 사람은 상대방에게 이끌렸으며, "그 순간부터 우리가 지닌 것보다 더 가까운 우정은 없었다." 그렇지만 이러한 강렬하고도 압도할 만한 감정적 표현 사이에 가끔 몽테뉴의 비판적 거리감이 느껴진다. 몽테뉴는 죽은 친구를 기리면서, "무의미하게 허송하고 싶지 않았다"고 보고한다. "우리의 우정은 그 자체의 의미만 지닌다. 따라서 오직 우정 자체와 관련될 뿐이다." 라 보에시에 대한 애호의 감정은 너무나 큰 것이었으므로, "자신을 완전히 그의 존재 속에 던져 넣고 싶을 정도였으며, 라 보에시 역시 그러했을 것이다." 그들은 동일한 정신적 문제를 탐구하려고 했고, 두 사람 모두에게 이른바 각자의 것이라는 이기적인 소유욕은 티끌만치도 없었다고 한다. 고대 그리스의 시인 메난드로스(Menandros)는 다행스럽게도 우정의 그림자를 발견하려는 자를 다음과 같이 노래했다.[13] 이제 친구가 가버렸기에, 다만 "안개와 어둡고 쓸쓸한 밤 이외에는 더 이상 아무것도 머물지 않는구나./우리는 마치 반려자처럼 깊은 정을 나누었다./이제 나는 그의 몫을 빼앗아서 살아가는 것 같구나."

여기서 우정의 의미는 고대 그리스에서 유래한 우정의 개념을 넘어서고 있다. 그것은 의심할 여지 없이 몽테뉴가 체험한 가장 깊은 우정이었다. 그렇지만 이는 엄밀히 말하자면 자신의 선택에 의한 것이었으며, 높은 수준으로 승화된 자기만족이었는지 모른다. 몽테뉴가 자신의 글에서 라 보에시를 직접 거론한 적은 몹시 드물다. "마음속의 기질과 천부적 성향에서 본

13. 메난드로스(B.C. 342-291): 고대 그리스의 희극 작가. 100편 이상의 희극을 집필하였다. 그는 특히 아테네 시민계급의 인간적 약점, 사랑의 술수, 그리고 그들의 열정 등을 다루었다. 메난드로스는 의무와 정조를 인간의 미덕으로 생각했다. 뉘앙스 풍부한 언어는 정해진 시구 속에서 생동하고 있다. 메난드로스는 로마 시대에 모방 작품을 낳게 했다. 그러나 정작 그의 작품은 유실되고, 그저 그의 문장들만이 인용되어 왔을 뿐이다. 1905년에 이집트 사람들은 메난드로스의 단편을 발견했고, 1958년에 파피루스에 쓰어진 그의 다른 유명한 작품들이 발견되었다.

다면, 그는 당시에 내가 알던 사람들 가운데 가장 위대했다. 나는 그를 누구보다도 잘 알고 있었다."라 보에시의 외모는 볼품이 없었다고 한다. 그러나 "자신의 아름다운 영혼을 담고 있었던" 그의 "추한 용모는 소크라테스의 추함에서 비롯된 것"이었다고 한다. 만약 더 오래 살았다면, 라 보에시는 틀림없이 위대한 작품을 창조해 내었을 것이다. "그는 당시와는 다른 어떤 시대의 범례에 따라 자신의 교양을 쌓았다."라 보에시의 임종을 지키고 마지막 순간을 함께한 사람은 바로 몽테뉴였다. 두 사람이 나눈 마지막 대화는 매우 즐거운 것이었다. 두 사람은 이전에 함께 고전 작품을 연구하곤 했다. 라 보에시는 핀다로스 (Pindar)의 시를 인용하며, 단 한 번 크게 외친다. "죽도록 나를 괴롭히던 날은 이제 3일밖에 남지 않았구나." 몽테뉴는 다음과 같이 기술하였다. "라 보에시는 '고통 속에서 나를 불렀고, 나를 한 번씩 지명하면서(en me nommant une fois ou deux)' 죽었다."

바람직한 삶에 관한 첫 번째 상은 사라지고 말았다. 「자발적 복종」에서 전하고 있는 신중한 회의주의는 현실에서 더욱 거대하게 출현했다. 그것은 후세 사람들에게 인간 삶의 진정한 조건이 무엇인가에 관한 물음을 각성시켜 주었다. 그럼에도 라 보에시에 관한 빈약한 자료들과 그에 관한 회고록들은 다음에 관한 사항을 충분히 증언해 주지는 못한다. 즉, 라 보에시는 어떤 인간적인 지조를 보존하고 있었다는 것 말이다. 그래, 그는 초기 계몽주의자들의 비판적 관용 사상의 의미에서 자신의 고유한 권리를 지니고 있었다. 물론 그는 새로이 출현하는 국가의 고

유한 권리를 가톨릭주의와의 관련성에서 이해하고 이를 자신
의 사상 속으로 수용하였다. 그렇지만 우리는 라 보에시에게서
다음과 같은 인상을 받게 될 것이다. 즉, 그는 지금까지 한 번도
출현하지 않은 고유한 사상 속으로 빠져 들어갔다고 말이다.[14]

II. 라 보에시의 두 작품

「자발적 복종」은 그 자체 모든 것을 말해 주고 있다. 그럼에
도 이 글과 관련된 몇 가지 조건들을 언급하는 게 적절할 것 같
다. 작품은 한마디로 혁명적 자연법 개념에 토대를 두고 있다.
지난 수세기 동안 이와 비교될 만한 급진적 문헌은 없었다. 라
보에시가 문제 삼는 주제는 이런저런 계급에 대한 비판이 아니
라, 모든 계급에 대한 부정이다. 그러므로 「자발적 복종」은 본
질적인 면에서 당대 유토피아 문학의 고유의 위치를 차지하고
있다.[15] 이 작품은 시민 민주주의도, 그렇다고 국가사회주의 질
서도 목표로 하지는 않는다. 이 점을 고려할 때 라 보에시의 문
헌은 토머스 모어(Th. Morus)의 『유토피아』 그리고 캄파넬라
(Th. Campanella)의 『태양의 나라』를 능가하고 있다.

---

14. 하이도른은 여기서 다음의 사실을 암시한다. 즉, 라 보에시는 전근대적 시
    기에 살았던 지식인이었으나, 그의 사고는 시대적 제한성을 넘어서 사회주
    의와 무정부주의 사상을 선취하고 있었다는 사실을 말이다.
15. 바로 이러한 까닭에 독일의 철학자, 에른스트 블로흐(Ernst Bloch)는 대작
    『희망의 원리』의 자유와 질서 편에서 에티엔 드 라 보에시를 거론하고 있다.
    에른스트 블로흐: 『희망의 원리』 5권, 열린책들, 2004, 1049쪽을 참고하라.

독일에서 라 보에시의 사상에 대해 주의를 기울인 몇 안 되는 사람들 가운데 한 명인 구스타프 란다우어는 다음과 같이 말했는데, 그것은 전적으로 타당하다. "라 보에시의 글은 나중에 고드윈(Godwin), 슈티르너(Stirner), 프루동(Proudhon), 바쿠닌(Bakunin), 톨스토이 등이 다른 언어로 말하게 될 내용을 미리 전하고 있습니다."[16] 물론 이들의 사상은 각자 고유의 생각에서 파생된 것들이기는 하지만 말이다. 상기한 사람들은 라 보에시의 견해에 전적으로 동감한다. 인간은 지배 체제 속에 묶여야 할 게 아니라 동지애로써 결속되어야 한다. 지배 체제가 없는 것은 아나키즘이다.'

라 보에시는 혁명적 자연법사상을 깨닫고, 폭넓고 강렬한 이론을 미리 펼쳐 나간다. 이로써 그는 인간의 무의식 속에 파묻혀 있던 이론을 완전히 재정립한다. 그리하여 자연법은 궤변론자가 완전히 봉쇄해 버린 국가 계약설의 이념으로부터 완전한 혁명의 총체적 개념으로 발전한다. 인간적 질서로서 노모스(Nomos)와 자연적 질서로서 테지스(Thesis)는 서로 중개되지

---

16. 윌리엄 고드윈(1756-1836): 영국의 철학자, 그는 무신론적 무정부주의의 글을 통해서 영국 낭만주의 문예운동을 개척했다. 그는 공공연하게 사유재산 철폐와 공유화를 주장하지는 않았다. 그렇지만 재산이란 고드윈에게는 "필요한 자가 마음대로 사용할 수 있는 신성한 위탁물"로 정의되고 있다. 슈티르너(1806-1856): 헤겔 좌파에 속하는 학자. 역사 속에서 개체적 자아만을 유일한 실체로 인정하였다. 일체의 사회적 권위를 용인하지 않은 아나키스트이다. 프루동(1809-1865): 프랑스의 무정부주의자. 『빈곤의 철학』, 『소유란 무엇인가』를 저술하였다. 마르크스는 나중에 "철학의 빈곤"으로 프루동을 비판하였다. 바쿠닌(1814-1876): 러시아의 무정부주의자. 1869년 아나키스트 사회주의 동맹을 결성하였다. 1872년 그는 헤이그 대회에서 마르크스파에게 패배하여 축출 당했다.

않고 대립 상태에 있다.[17] 문제는 진정한 인간성과 파괴된 인간성 사이의 괴리감을 깨닫는 일이다. 이를 위해서 반드시 선결되어야 하는 일은 지배 방식 속에 도사린 어떤 신비적 요소를 벗겨내는 작업이다.

라 보에시의 문헌에서 선취되지 않은 자연법의 입장은 이후에 한 번도 나타난 적이 없다. 고대 그리스의 모델은 로마인들의 사고에 결정적으로 작용하였으며, 에피쿠로스의 사회계약에 관한 이론은 데모크리토스(Demokrit)와 궤변론자에게서 비롯된 것이다. 바로 이들의 관심사에 의해서 사회 분석이 완전히 수행될 수 있었다. "자연법(lex naturae)"에 관한 사고를 통해서 사람들은 어떤 근원에 대한 기억을 보존해 왔다. 즉, 인간의 모든 긍정적인 법체계에 근본적으로 이의를 제기하는 게 바로 그 근원이었다. "어떤 근원적 동일성에 관한 사고"가 인간의 기억에서 깡그리 지워진 적은 한 번도 없었다.[18] 비록 고대의 유산이 일단 사라지기는 했지만 말이다.

어떤 근원적 동일성에 관한 사고를 재수용해야 한다고 일침을 가한 사람은 아리스토텔레스 좌파인 아베로에스였다. 아베로에스는 원죄로부터 해방된 이성을 발견하였다. 이러한 이성

---

17. 원래 법(νομός)이란 인간에 의해서 정해진 질서 체계이다. 그것은 신의 질서(Ordo Dei)로서의 천부적인 법(θεσις)에서 파생된 것이다. 그러나 권력자는 천부적인 법의 질서를 어기고 인위적이고 반자연적인 규정을 만들어 왔다. 그렇기 때문에 17세기의 자연법 학자들은 이를 신랄하게 비판해 왔다. 계몽주의가 자연법을 추구하게 된 것도 주어진 현실의 잘못된 법적 질서를 수정하려는 의도와 관련된다.
18. 여기서 말하는 "어떤 근원적 동일성에 관한 사고"란 다음의 의미를 지닌다. 즉, 원래 신의 질서와 인간의 그것 사이에는 차이가 없었다는 생각 말이다.

이란 개인적 차이가 배제된, 모든 인간에게 공통되는 무엇이다. 아베로에스에 의하면, "능동적 지성(intellectus agens)"이야말로 무언가를 충동하는 근본적 이성이다. 이에 반해 수동적 지성(intellectus passivus)은 부수적 특성을 지닌 개인적 이성으로 이해될 수 있다는 것이다. 따라서 근본적 이성을 재구성하는 작업은 모든 정치적인 연속선상에서 파악될 수 있다고 한다.[19] 바로 이러한 이유 때문에 아베로에스의 명제는 당시에 이단으로 취급될 수밖에 없었다.

그럼에도 불구하고 과거의 자유를 동경하면서 인간다운 삶을 찾으려는 운동은 결코 중단될 수 없었다. 파리 대학은 모든 정치 운동의 아성이었고, 브라방 출신의 시거(Siger von Brabant)는 그 운동을 끝까지 이어 나갔으며,[20] 결국 "존재하는 것이라고는 오로지 모든 인간을 포괄하는 이성뿐이다"라는 극단적인 결론을 주장하기에 이른다. 당시의 가치를 전적으로 전복시키

---

19. 아베로에스에 의하면, 인간의 근본적인 인식 능력은 능동적 이성에 바탕을 두고 있다. 이러한 능동적 이성은 정치적 이데올로기에 의해서 억압당할 수밖에 없다. 왜냐하면 능동적 이성은 모든 개개인에게 계몽된 의식을 부여하기 때문이다. 만약 인간의 내면에 하나의 적극적 충동력으로 작용하는 능동적 이성이 인정받게 되면, 주어진 신의 질서 및 인간의 질서는 자연적으로 비판당하게 된다. 따라서 신적 권리와 세속적 권리를 지닌 사람들은 능동적 이성을 억압하지 않으면 안 된다.
20. 브라방 출신의 시거(1240-1284): 스콜라 철학자. 1270년 그는 이단으로 간주되어 처벌받게 되었으나, 고향을 떠남으로써 위기를 모면한다. 1277년 교회는 시거의 219명제를 다시금 이단으로 판결하였다. 시거는 아리스토텔레스 이론의 타당성을 재확인하는 아베로에스의 사상을 신봉하였다. 시거에 의하면, "세계는 무로부터 탄생했다(Creatio ex nihilo)"는 기독교적 입장은 잘못된 것이며, 세계는 영원히 존재한다는 것이다. 더욱이 놀라운 것은 시거가 12세기에 인간 의지의 독자성을 강조했다는 사실이다.

는, 과히 결정적인 명제는 다음과 같다. "따라서 이성은 결코 파열되어 조각날 수 없다. 이는 물질의 다양성에 의해서도, 배가된 인간에 의해서도 가능하지 않다."[21]

14세기 영국의 철학자, 윌리엄 오컴(Wilhelm von Occam)은 인간 사회를 현실적 관심사의 생산물로 파악하였다. 그는 어떤 근원적 이성의 회복과 정치적 현실이 어떻게 서로 연결될 수 있는가를 분석하였다.[22] 윌리엄 오컴과 유사한 견해를 지닌 조안 드 장뎅(Johannes de Jandun) 그리고 파두아 출신의 마르실리우스(Marsilius von Padua)는 자연법에 기초한 새로운 혁명적 계약 이론을 발전시킨다.[23] 특히 조안 드 장뎅이 아베로에스의 저작

---

21. 이 문장은 라틴어로 쓰여져 있다. "Ergo anima intellectiva non debet multiplicari multiplicatione materiae neque multicatione corporum humanorum."

22. 윌리엄 오컴(1285-1349): 영국의 철학자. 프란체스코 교단 출신으로 1317년부터 옥스퍼드 대학에서 가르쳤다. 옥스퍼드 대학의 동료들이 그를 이단으로 고발하여, 오컴은 아비뇽에 있는 교황의 법정으로 송치되었다. 재판은 4년 동안 지속되었고, 1328년 아무런 판결 없이 끝났다. 윌리엄은 1328년 5월 26일에 미하엘 폰 체스나와 함께 아비뇽을 탈출하여, 루드비히 4세가 집권하고 있는 뮌헨으로 향한다. 오컴은 그곳에서 죽기 직전까지 루드비히 4세의 옹호자로 일한다. 그는 유명론을 제창하였다. 오컴에 의하면, 개념은 하나의 부호 내지 명칭이라고 한다. 그렇지만 그 내용은 상대적으로 인식될 수 있는 것이지, 그 자체 진리라고 말할 수는 없다는 것이다. 이는 신, 영혼 등과 같은 초감각적 유형의 대상에 대한 인식에도 그대로 적용된다. 초감각적 대상들은 단순한 개념을 지칭하는 아직 불분명한 내용을 가리킨다는 것이다.

23. 마르실리우스 파두아(1275-1343?): 1324년에 마르실리우스는 조안 드 장뎅(1290-1328)과 함께 『평화의 옹호자』를 집필하여, 교황의 세속적 권한에 대해 강하게 이의를 제기하고, 인민의 주권에 근거한 국가 이론을 발전시킨다. 여기서 마르실리우스는 국가가 교회의 힘으로부터 독립해야 하고, 일반적 종교 의회 체제를 요구한다. 1326년 저자의 이름이 공개되었을 때, 마르실리우스는 신변의 위협을 느끼고 바이에른의 루드비히 4세에게 은신한다.

물『천체의 본질에 관한 강론(*Sermo de substantia orbis*)』의 주
해서를 작성하였다는 사실은 기억해 둘 만한 일이다. 또한 마
르실리우스와 조안이 함께 집필한『평화의 옹호자(*Defensor
pacis*)』는 인민주권에 관해 상세하게 언급하고 있는데, 1346년
에 이르러 이는 모든 정치 세력의 근원으로 설명되었다.

라 보에시의 「자발적 복종」에 토대를 둔 근본적 문제들은 특
히 프랑스에서는 오래 전부터 형성된 것이다. 다만 시민계급이
점진적으로 성장함으로써 그러한 문제들은 비로소 세밀하게
구분되게 된다. 이 점은 프랑스, 특히 영국과 네덜란드에 그대
로 적용될 수 있다. 독일에서도 올덴도르프(Oldendorp)는 1539
년에 간행된『시민과 만민을 위한 자연법 서언(*Iuris naturalis
Civilis et gentium, isagoge*)』에서 다음과 같이 말한다.[24] "법이란
동일하지 않은 무엇으로부터 동일한 무엇을 구분해 내기 위해
서 신이 우리를 태어나게 한 것과 관련된 자연적 지식이다."[25]
이 문장에서는 고대 철학의 자연법사상이 다시금 강조된다. 자
연법사상의 재발견은 (중세 이데올로기에 대한) 회의주의와 결합
되어 있다. 바로 여기서도 기억에서 거의 사라진 조안 드 장뎅
의 사상은 일찍이 하나의 범례를 남기게 된다. 가령 회의주의
(Pyrrhonismus)는 몽테뉴에게서 완전히 무르익었던 것이다.[26] 가

---

24. 요한 올덴도르프(1487-1567): 독일의 법학자, 프로테스탄트 교회에 바탕을
둔 자연법사상을 가르쳤다. 종교개혁을 지지하였으며, 법철학을 연구하였
다.

25. 인용문은 라틴어로 씌어져 있다. Lex est notitia naturalis a deo nobis
insita, ad discernendum aequum ab iniquo.

26. 원래 피론(Pyrrhon, BC. 360?-272?)은 아브데리의 아낙사고라스의 제자이

령 몽테뉴는 "군주와 고위 성직자들은 무조건 선한 존재들이다"라는 명제를 오랫동안 의심하였다.

그렇다면 폭군 살해는 과연 정당한가? 이러한 물음이 라 보에시의 시대에는 중요한 의미로 제기되고 있었다. 그것은 앞에서 언급한 본질적 문제점을 전제로 한 것이지만, 종교개혁 운동으로 번지고, 결국에는 유럽 전역에서 종교의 분열 상태를 초래하였다. 앙리 4세가 왕위에 오르게 되자, 지금까지 조용히 지내며 구질서를 용납하는 사회계약 이론을 고수하던 가톨릭교도들, 특히 예수회 교도들은 폭군 살해의 명제를 공공연하게 내세웠다. 영국에서는 찰스 1세가 공개적으로 처형되었는데, 이는 역사적 전환점을 그대로 보여 주는 일대 사건이었다. 라 보에시에게 결정적으로 영향을 끼쳤고, 폭군 살해 및 인민의 노예 상태를 가장 집요하게 숙고한 사람은 다름 아니라 조지 뷰캐넌이었다. 특히 뷰캐넌은 모든 종파의 결속 상태를 해방시키도록 라 보에시를 자극했다. 비록 뷰캐넌의 주요 작품은 1579년에야 비로소 간행되었지만, 라 보에시는 뷰캐넌의 여러 가지 입장의 전제 조건들을 이미 오래 전에 접하고, 이를 매우 귀중한 것으로 받아들였다. 당시에 가장 영향력을 끼친 탁월한 정신의 소유자는 장 보댕이었다. 그러나 보댕은 폭군 살해 및 인민 해방에 대해서 매우 비판적인 자세를 취하고 있었다.

어쩌면 라 보에시는 첨예한 갈등의 산증인이었는지 모른다.

다. 피론에 의하면, 인간은 감각을 신뢰하지 말아야 하며, "멈춘 지점(에포케, επσχη)"에서의 실행이 드러내는 실제의 상에 따라 단순하게 살아야 한다고 한다. 나중에 섹스토스 엠피리코스(Sextos Empirikos)에게 영향을 끼쳤다.

이러한 갈등은 폭력에 대항하여 직접 공격하는 목표를 지니지 않았던가? 라 보에시가 죽은 뒤에 앙리 3세가 살해당했다는 사실은 이를 그대로 반증한다. 나아가 앙리 4세의 암살은 그야말로 프랑스 르네상스의 마지막을 장식한 찬란한 사건이었다. 그리하여 프랑스에서는 극적 사건이 정점으로 치닫게 된다. "그건 아무것도 아니다. 마지막으로 말하건대 그건 아무것도 아니다. 이때 그의 입에서는 피가 흘렀다." 하인리히 만(Heinrich Mann)은 자신의 소설에서 앙리 4세의 죽음을 이렇게 묘사하였다. 만의 소설은 이렇듯 라 보에시가 속했던 새로운 시기의 정점을 위대하게 서술하고 있다.[27]

「자발적 복종」은 로욜라(I. Loyola)의 『심령 수련(exercitia spiritualia)』이 쓰인 바로 그해에 완성되었다.[28] 라 보에시의 작품은 전혀 예측할 수 없는 발단으로 시작된다. 라 보에시는 호메로스의 오디세우스가 행한 다음과 같은 말을 인용한다. "여러 명이 통치하는 것은 좋은 일이 아니다. 한 사람이 군주가 되어야 하고, 왕이 되어야 한다." 다수의 지배 체제는 실제로 쓸모가

---

27. 앙리 4세는 1610년 예수회 수도사인 프랑수아 라바야크에 의해 암살당한다. 하인리히 만(1871-1950)은 1925년 남프랑스를 여행할 때 역사소설 『앙리 4세』를 구상한다. 그 이후 그는 1935년에 『앙리 4세의 청춘』, 1938년에 『앙리 4세의 완성』을 발표한다. 그의 2부작 소설은 앙리 4세의 일대기뿐 아니라, 국가사회주의와의 관련성을 엿보게 한다. 한국어판: 하인리히 만: 『앙리 4세』, 김경연 옮김, 미래 M&B, 1999.
28. 이그나티우스 로욜라(1491-1556): 그는 여러 차례 종교재판소에서 심문을 당한 바 있다. 1534년 파리에서 종교 공동체를 만들고, 1537년 사제 서품을 받았다. 1540년 로마 교황으로부터 예수회를 공인받게 된다. 예수회는 종교개혁에 반대하였으며, 엄격한 규율과 훈련을 강조하였다.

없다. 그렇다면 어째서 다수의 지배 체제는 참을 수 없는가? 이에 대한 대답은 간단하다. 한 명이 세상을 지배하는 것도 끔찍하기 때문이다. 이로써 왕의 지배로부터 시민 민주주의로 교체되는 일은 처음부터 완전히 차단되어 있다. 문제는 의외로 다른 곳, 즉 지배 자체에 있다. 이성적 존재로서의 인간은 "결코 노예 신분"을 원하지 않는다. 자유, 평등, 그리고 동지애는 이성이 요구하는 요청 사항이나 다를 바 없다. 프랑스 혁명 당시에 사용되었던 슬로건은 그 이전에 이미 명료하게 정해져 있었으며, 동시에 지롱드당의 핵심 강령을 뛰어넘고 있다.

"자연은 좋은 어머니이다. 자연은 우리 모두에게 지상에서 편안히 살 수 있는 거처를 마련하게 하였으며, 나아가 우리 모두에게 하나의 동일한 범례를 가르쳐 주었다. 이로써 우리 모두는 자기 자신을 다른 사람 속에 비추면서, 동시에 이웃 사람들을 통해 자기 자신을 인식하도록 조처해 주었다. 또한 자연은 우리 모두로 하여금 말을 통하여 항상 신뢰하고, 언제나 형제같이 지내도록, 이른바 '언어'라는 위대한 선물을 주었다. 그리하여 우리는 공동으로 의견을 교환할 수 있게 되었으며, 공동 의지의 운명이 자라나게 하였다." 따라서 폭군은 "너희들 스스로 준 것보다도 더 많은 권력을 지니고 있지 않다."

문제는 독재에 대한 저항을 증명해 내는 작업이다. 그것은 어떤 파괴된 조약을 바로 세우고 이를 다시 정립하려는 의도에 의해서 분명히 드러난다. 이성과 정치적 현실은 서로 중개되지 않은 채 대립하고 있다. 물론 인간의 역사에 대한 깊은 이해가 결핍된 것은 사실이다. 그렇지만 역사에 대한 이러한 몰이해가 어쩌면 모순점을 더욱 냉엄한 것으로 보이게 만든다. 조약 내지 계약에 관한 문제는 라 보에시가 동물의 행동을 묘사할 때 단한 번 드러난다. 즉, 코끼리가 자유에 대한 대가로서 그의 이빨들을 사냥꾼에게 제공했을 때를 생각해 보라. 여기서 라 보에시는 인간의 "조약" 내지 계약을 말하기 위하여 그 이야기를 끄집어내었던 것이다. 인간은 조약 내지 계약과 결부되어 있지 않다. 그런데 인간은 나중에라도 자신의 권리를 요구한다. 그것은 지배의 철폐이다. 지배의 철폐는 "이성에 자연적으로 주어진 소질"로서 이해될 수 있다. 지배의 철폐는 자기 인식을 위한 하나의 구성 성분이다. 지배의 철폐는 인간의 자기 인식 속에서 이미 정해져 있는 것이다.

따라서 인간은 지배당하지 않겠다는 생각을 스스로 깨달아야 하고, 자신 속의 고유한 이성을 발견해 내야 한다. 어느 누구도 자기 인식에 대한 사람들의 요구를 완전히 소진시킬 수는 없다. "오디세우스가 땅과 바다 건너, 자신의 집에서 피어오르는 굴뚝 연기를 망보았듯이, 몇몇 사람들은 마음속 깊이 천부적인 권리를 깨달으려는 충동을 지니고 있다."[29] 비록 주위가 너무나 어둠침침하더라도, 설령 자유가 완전히 파괴되어 지상으로부터 사라졌다고 하더라도, 정신세계 속에서 그것을 창조해내고 가꾸어 나가는 사람들은 드물지만 존재한다. 왜냐하면 이러한 몇몇 인간은 자신의 정신 속에서 자유를 느끼고 있기 때문

---

29. 이는 호메로스의 『오디세이』 제13권에 나오는 놀라운 장면이다. 만약 고향으로 돌아가 사랑하는 아내 페넬로페를 만나려는 강렬한 열망이 없었다면, 오디세우스는 자신의 고향을 발견하지 못했을 것이다.

이다. 또한 그들은 자유를 정확히 측정할 능력을 지니고 있다.

여기서 어떤 중요한 질문이 나타난다. 이는 나중에 루소가 문명에 대한 첨예한 비판으로 재수용한 바 있는 질문이다. 인간은 과연 어떠한 방식으로 자신의 역사로부터 일탈되어 역사에서 완전히 소외되었는가? 이에 대해서 라 보에시는 모든 계몽주의자들과 마찬가지로 어떤 반역사적인 합리성을 수단으로 하여 다음과 같이 대답한다. 그의 관찰은 인간에 대한 깊은 이해를 그대로 드러낸다. 라 보에시는 어떠한 환상도 지니고 있지 않다. 어쩌면 거의 회의적일 정도로 인간 존재를 꿰뚫어 본다. 우리는 여기서 서서히 태동하는 경험주의 심리학의 시대, 후안 루이스 비베스(Juan Luis Vives)와 몽테뉴의 시대를 느낄 수 있다.[30] 폭력, 현혹과 속임수 그리고 특히 습관 등은 수많은 사람들을 동물로 변하게 한다. 인간은 다른 사람들을 마치 노예처럼 부려먹을 수 있다. 사람들은 시키는 일이라면, 어떠한 일도 마다하지 않는다. 라 보에시는 두 마리의 개를 따로 키운 리쿠르구스의 일화를 서술한다. 두 마리 개에게 서로 공통되는 것은 하나도 없다. 마찬가지로 인간은 자기소외의 비참한 조건 하에서 얼마든지 인간적 품위를 잃을 수 있다. 고통과 불법이 인간을 불감증 환자로 만들지만, 망나니 노예라 하더라도 교수형을 당하는 사람과 마찬가지로 고통을 느낄 것이다. 실제로 비정상적

---

30. 후안 루이스 비베스(1492-1540): 에스파냐 출신의 인문주의자. 에라스뮈스의 제자. 1522년 그는 아우구스티누스의 『신국론』의 주석을 써서 영국의 헨리 8세에게 헌정하였다. 그의 책 『영혼과 삶에 관한 3권의 책(De anima et vita libri tres)』은 관념의 결합, 기억의 본성, 그리고 동물심리학을 다루고 있는데, 이후의 학문의 내용을 선취하고 있는 놀라운 문헌이다.

인간은 사회의 일부로 예속되어 살아가고, 수백만의 사람들은 상대방을 혹사시킴으로써 살아간다. 이러한 시스템은 "수많은 사람들이 점점 더 격정적으로 자유를 갈망하는 만큼의 거대한 양으로 그들에게 유익하게 작용할 것이다."

그 밖에도 사회는 어떤 약물과 같은 독한 제도에 의해 결성되어 있다. 라 보에시는 카이사르를 예로 들면서 다음의 사실을 지적하고 있다. 만약 권력자가 약간의 인간적 면모를 보여 준다면, 그것은 잔악함보다도 더 끔찍하고 더 치욕적이라는 사실을 말이다. 여기서 라 보에시는 모든 것을 은폐하는 종교 이데올로기의 기능을 예리하게 파악한다. 나아가 그는 소유물 내지 사유권의 모호성에 관해서 어느 정도 간파하고 있었다. 그렇지만 이 문제를 마지막 결론에 이르기까지 집요하게 추적하지는 못했다. 인간은 "재화를 소유하기 위해, 권력에 봉사한다. 이로써 그는 다음과 같은 생각에 도달하지 못한다. 즉, 자기 자신에게 속하는 것을 한 번도 제대로 말하지 못했기 때문에 자신의 고유한 것을 얻지 못한다는 생각 말이다." 이러한 분석은 현재에도 그대로 적용된다. "우리의 통치자들"은 더 나은 정치를 행하지 않고 있다. 사람들은 권력자의 끝없는 파렴치한 정치적 모델을 잘 알고 있다.

"인민들은 스스로 노예가 되어 자신의 목을 자르는 노예와 같다." 지배자가 우리에 대해 권력을 휘두를 수 있는 까닭은 오로지 인민이 노예근성을 스스로 실천하기 때문이다. 인민은 자신을 위해서 아무것도 행할 필요가 없다. 그저 스스로 고통당하기를 그만두면 족할 뿐이다. 중요한 것은 다음과 같다. 즉, 악습을 강요당하는 인간들은 어떻게 하든 억압자에게 허리 굽히는 일을 그만두어야 한다. 수백만 인간들이 비참하기 짝이 없는 노예 상태에서 살아가고 있다. 그러나 "우리는 불행을 떨쳐버리는 그 순간이 올 때까지 우리 자신의 불행을 견뎌 내기만 하면 된다." 많은 회의에도 불구하고 라 보에시는 다음과 같이 직접적으로 외친다. "너희는 눈과 귀 그리고 손과 발을 독재자에게 자진해서 빌려주고 있다. 이로써 그는 모든 것을 감시하고 엿들으며, 무고한 사람들을 마구 두들겨 패고, 도시를 마구 짓밟지 않는가?" 그렇지만 이러한 복종은 궁극적으로 종언을 고해야 한다. "독재자에게 복종하지 않을 것을 결심하라. 너희들은 자유롭게 될 것이다! 그를 창으로 찌를 필요도 없고, 뒤엎을 필요도 없다. 다만 그를 지지하지 않으면 족하다. 그러면 너희는 조만간 목격하게 될 것이다. 토대가 사라지면, 독재자는 마치 제 무게에 못 이겨 저절로 붕괴되어 산산조각 나는 거대한 입상(立像)처럼 무너지고 말리라는 것을." 이러한 발언은 그야말로 혁명적 언어이며, 저항에로의 요구이다. 그것은 몇 세기 후에야 비로소 정치적 투쟁의 수단으로 형성되고, 미래와 함께 완전하게 사회적으로 중요한 의미를 획득하게 된다. 혁명적 이성은 시민의 지배라는 우회로를 거쳐서 역사 속에 직접적으로 출현하게 되었으며, 이로써 모든 영향력을 상실하게 된다. 라 보에시의 요구 사항은 직접적으로 행동하라는 요구나 다를 바 없다.

프랑스에서 진척된 라 보에시 연구는 다음과 같은 물음을 집중적으로 추적한다. 즉, 과연 어떠한 문헌들이 「자발적 복종」에 영향을 끼쳤는가 하는 물음이 바로 그것이다. 작품의 독창적인 내용에도 불구하고 몇 가지 관련 사항들이 언급될 수 있을 것이다. 고대 작가의 영향은 의심할 여지가 없다. 라 보에시는 고대에서 많은 것을 배웠다. 플라톤, 아리스토텔레스, 투키디데스, 플루타르코스와 타키투스 등을 거론할 수 있을 것이다.[31] "자발적 복종"이라는 용어 역시 플라톤의 『향연』에서 유래하였다. 확실한 것은 라 보에시가 토마스 아퀴나스와 단테를 읽었다는 사실이다. 또한 지배 이론의 입장에서 고찰할 때 베네치아 공화국에 관한 콘타리니(Contarini)의 작품, 토머스 모어 등을 빠뜨릴 수 없다.

프랑스 연구가들의 견해에 의하면, 라 보에시는 마키아벨리를 세밀하게 읽었다고 한다. 몇몇 연구가들은 「자발적 복종」이 마키아벨리의 입장을 반박하기 위해서 쓰인 것이라고 주장한다. 그들은 『군주론』과 라 보에시의 문헌을 서로 비교하면서, 그러한 주장을 입증해 내고 있다. 또한 이러한 작업들은 라 보에시가 동시대의 문헌들을 꿰뚫고 있었음을 알려 준다. 가령 라 보에시는 카스틸리오네(Castilione)의 작품 『궁정인』을 잘 알고 있었으며,[32] 에라스뮈스가 쓴 책 『기독교 원칙 개요』를 세심하

---

31. 라 보에시는 투키디데스(?-BC. 5세기)의 『펠로폰네소스 전쟁사』를 읽었지만, 「자발적 복종」에 직접적으로 인용하지는 않았다. 그러나 크세노폰에 관한 언급 속에서 우리는 투키디데스의 흔적을 유추할 수 있다. 왜냐하면 크세노폰은 자신의 역사 서술의 토대를 투키디데스의 『전쟁사』로 정했고, 『전쟁사』 이후의 역사를 개진하였기 때문이다.

32. 발다사르 카스틸리오네(1478-1529)는 죽기 직전에 4권으로 이루어진 『궁정인(Il Libero del Cortegiano)』을 발표하였다. 이 책은 지식인과 젊은 귀부인들 사이의 대화를 통해서, 르네상스 시대의 궁정 생활을 묘사하는데, 군주와

게 정독했다고 한다.[33] 에라스뮈스는 이 책을 통하여 나이 어린 황제로 하여금 기존의 지배 체제를 직시하게 하고, 지배자의 마음속에 인본주의를 심어 주려고 애썼다. 말하자면 그는 비합법적인 방법을 동원하여 지배 체제를 보다 낫게 수정하려고 했던 것이다.

라 보에시의 다른 작품 「1월 칙령의 회고」는 몽테뉴가 이미 언급한 바 있는데, 오랜 시간 동안 유실된 것으로 간주되었다. 그런데 폴 본느퐁은 20세기 초 엑상프로방스 지역의 16세기 고문서 더미 사이에서 라 보에시의 문헌을 발견하여, 1917년에 간행하였다. 「1월 칙령의 회고」에서 라 보에시는 프랑스의 종파 문제를 해결하기 위하여 어떤 보편적인 규칙을 제시하고 있다. 여기서 그는 칙령 내용이 빈번하게 바뀌었음을 지적하고, 신교도와 구교도 사이의 모든 것을 파멸시키는 전쟁을 종식시키려고 의도한다. 라 보에시의 문헌은 카트린 드 메디치가 1562년 1월 17일에 발표한 관용의 칙령을 논하고 있다. 바로 이날 신교도와 구교도들은 서로 만났다. 여기서 사람들은 예수상과 성 유물 숭배에 관해 갑론을박하였다. 이때의 토론 내용도 「1월 칙령의 회고」에 직접적으로 반영되어 있다. 여기서 라

여인들 그리고 궁정인 사이의 관계를 다루고 있다. 카스틸리오네의 책은 16세기 이탈리아 문학의 대표작으로 손색이 없으며, 여러 나라 언어로 번역되었다.

33. 네덜란드 출신의 인문학자 에라스뮈스(1469-1536)는 1516년에 신성로마 제국의 황제 카를 5세(16세)를 가르치는 명예 고문관으로 일하게 되었다. 『기독교 제후의 교육(Institutio principi christiani)』은 나중에 페늘롱(Fénélon)으로 하여금 『텔레마크의 모험』을 낳게 하였다.

보에시는 하나의 해결책을 제안하는데, 이러한 제안은 최소한 실현 가능한 것이었다. 1564년에 비로소 "삼위일체의 신앙 고백(Professio fidei tridentinae)"에 의해 새로운 상황이 나타난다.

「1월 칙령의 회고」에서는 "국시(國是)"의 개념이 뚜렷하게 나타난다. 프랑스의 본질적 국가 형태는 무엇보다도 외교 정책에 입각하여 새로이 정립되어야 한다는 것이다. 이와 관련하여 라 보에시는 독일의 상황을 언급하고 있다. 독일 내에서 가톨릭교회의 부패한 상태는 의심할 여지가 없으며, 자체의 힘으로 부흥할 힘은 전혀 없다는 게 라 보에시의 지론이었다. 교회 개혁의 과제는 입법 의회 위에 있는 국가에 해당하는 것이다. "현재 벌겋게 타오르는 불길에 막강한 힘을 가한 것은 다름 아니라 교회가 저지른 과도한 권력 행사였다." 가톨릭교회는 자기 자신을 검증하지 않고, 가톨릭교회를 비판하는 사람들을 모조리 박해하였다. 순교자를 출현하게 해서는 결코 안 되며, 비판적 견해에 대해 "칼을 들이대며," 그것을 잘라버리는 일이 일어나서도 결코 안 된다는 것이다. 이와 관련하여 라 보에시는 "히드라(Hydra)"를 예로 들고 있다.

만약 프랑스가 정치적 무게중심을 따른다면, 나라는 오로지 단 하나의 교회만을 용인할 것이다. 라 보에시는 프랑스의 상황을 분명하게 간파하고 있었다. 즉, 대부분의 프랑스 인민들은 가톨릭을 신봉하고 있었다. 이에 비하면 소수의 귀족 지식인들은 신교를 더 나은 것으로 믿고 있었다. 바로 이러한 까닭에 라 보에시는 하나의 타협안을 내세운다. 즉, 종래의 교회는 가능한 범위에 이르기까지 혁신되어야 한다. 칼뱅주의의 가르침 역시 너그럽게 수용되어야 한다. 그렇게 되면 이단자로 몰린 사람들은 조금도 자존심에 상처 받지 않은 채 교회로 되돌아오게 될 것이다. 라 보에시의 제안에는 놀라운 내용이 담겨 있다. 즉, 사제의 수가 제한되어야 하고, 평신도를 성직자로 받아들이자는 게 바로 그것이다. 이는 지극히 의도적인 제안이며, 그 자체 민주적인 발상이다.

나아가 라 보에시는 개혁주의자들 가운데 중도파를 거론한 바 있다. 이는 다음의 사항을 반증한다. 즉, 그는 급진파를 포함한 종교개혁 운동의 제반 분파들을 간파하고 있었던 것이다. 교회가 마땅히 수용해야 하는 경제적 감시는 국가의 관심사로부터 유래하는 것이다. 상기한 내용을 고려할 때 「1월 칙령의 회고」는 프랑스 가톨릭주의의 고(古)문서로서의 가치를 지닌다. 이 문헌에는 노련한 정치가로서 그의 면모가 엿보이고 있다. 무역의 증가로 인하여 보르도의 위상은 커져 가고 있었다. 그렇기에 지방 의회와 모든 중요한 문제를 결정하는 기관들 간의 빈번한 관계는 필수적이었다. 종교 갈등으로 인한 혼란에 대해서는 다양한 조처가 불가피했던 것이다. 라 보에시가 남긴 문서의 본질적 요소는, 비록 왕에 대해 머리를 숙이고 있지만, 지극히 민주적이며, 그의 기본적 음성은 회의적이다.

종교적 본질에 관한 문제는 겉으로 드러나지 않으며, 오늘날의 시각으로 고찰할 때 「1월 칙령의 회고」는 그다지 중요한 것은 아니다. 그렇지만 라 보에시는 ─「자발적 복종」에서도 그렇듯이 ─ 인간에 대한 불신의 요소를 더욱 깊은 곳까지 천착하고 있다. 라 보에시는 인민에 대해 다음과 같이 말한다. "인민은 스스로 판단할 수 없기 때문에 쉽사리 다른 사람을 믿는다." "대중들과 그들의 아름다운 사회 질서에서 비롯하는 것은" 오로지 "그 자체의 완전한 파괴밖에 없다." 라 보에시는 현실의 정치적 문제와 직면하면서 자신의 의식을 변화시킬 수밖에 없었다. 인민 봉기에 대한 믿음은 그의 마음속에서 사라져 버렸던 것이다.

라 보에시의 두 문헌은 타인에 의해서 변조되었을 가능성이 무척 높다. 다른 사람들이 인습적 입장을 취하며 수정 작업을 행하게 된 데에는 나름대로의 이유가 있었을 것이다. 특히 몽테뉴가 라 보에시의 두 문헌에 손질을 가했음이 틀림없다. 그는 라 보에시의 논문을 세상에 발표하는 것은 위험하다고 생각했다. 몽테뉴는 친구의 문헌을 죽을 때까지 간직하고 있었다. "두 개의 문헌에 관해 말하자면, 나는 그 유형이 너무나 미묘하고 까다롭다고 생각한다. 그렇기에 이렇게 혼란스럽고 불편한 시대의 암울한 분위기 속에서 두 문헌이 간행되기는 무척 어려웠다." 물론 몽테뉴는 라 보에시의 문헌을 세상에 공개하지 않았다. 그러나 이 점은 무엇을 말하고 있는가? 그것은 라 보에시가 「1월 칙령의 회고」에서도 결코 권력에 타협적 태도를 취하지 않았다는 사실을 반증하고 있다. 비록 이 문헌이 「자발적 복종」에 비해 덜 중요한 것으로 간주되지만 말이다.

대신에 몽테뉴는 라 보에시의 다른 작품을 비밀리에 간직하고 있었다. 그것은 나중에 생트-뵈브(Sainte-Beuve)가 커다란 관심을 기울인 것 이상으로 가치 있는 시 작품이었다.[34] 생트-

---

34. 생트-뵈브(1804-1869): 프랑스의 문학사가, 비평가, 작가. 생트-뵈브의 문학사 연구는 오늘날까지 많은 정보를 제공하고 있다. 왜냐하면 그는 사실의

뵈브는 몽테뉴의 편지를 거론했다. 이 편지는 앙리 4세의 애인이 되기 전의 그라몽 드 퀴즈 백작 부인에게 보낸 것이었다. "부인, 당신은 이 시를 소중하게 생각하셔야 합니다. 생명과 불꽃을 지니고 있으니까요. 이 작품은 젊은 시절에 씌어진 것으로서 순수하고도 숭고한 격정과 정열 등을 표현하고 있습니다. 나역시 당신 가까이에서 당신의 귀에다 속삭이고 싶은 그러한 열정 말입니다. 시인은 당시에 결혼을 결심했고, 자신의 신부에게 느낀 사랑의 감정을 작품 속에 표현하였지요. 비록 처음에는 멋지긴 하지만 나중에는 무미건조한 결혼 생활에 대해, 시인이 나중에 어떠한 냉혹함을 느꼈는지 모르지만 말입니다." 생트-뵈브가 인용하고 있는 시는 라틴어로 씌어진 라 보에시의 소네트인데, 몽테뉴가 그라몽 백작 부인에게 보낸 편지에 실려 있다. 요한 요아힘 보데가 번역한 소네트 몇 구절에서 우리는 라 보에시의 언어 구사력과 시적 흥취를 느낄 수 있을 것이다. 이 시구는 라 보에시의 마음을 가리키고 있다.

당신 눈 속의 태양은 내 마음에 용기를 주네
그 속에서 내 마음이 밝아지고 자유로워지니까
즐겁게 팔을 뻗는 내 작은 궁수
그 속에 앉아서 장난치며 노닥거리고 있네.

___

고증에 충실했기 때문이다.

III. 라 보에시의 작품이 끼친 영향

1. 프랑스

이제 「자발적 복종」의 영향에 관해 언급해 보도록 하자. 작품은 맨 처음 1570년에 필사본으로 세상에 출현했다. 라 보에시의 「자발적 복종」은 1572년, "성 바르톨로메우스의 밤 사건" 이후에 사람들에게 커다란 의미를 불어넣는다. 전투적 자세를 취하던 위그노 교도들은 이 작품을 관심 있게 읽었다. 이를테면 테오도어 아그리파 도비네(Th. Agrippa d'Aubigné)는 그의 책 『세계사(*Histoire universelle*)』에서 이 작품의 중요성을 날카롭게 지적한 바 있다.[35] 도비네에 의하면, 라 보에시는 격정적 정신의 소유자로서, "과거에 어느 누구도 들려주지 않은 놀라운 내용"의 책을 대담하게 발표했는데, 이에 대해 경탄하지 않을 수 없다는 것이다.

위그노 교도들은 중앙 권력 기구에 대해 공개적으로 저항했다. 이로 인하여 많은 희생자들이 속출하였으며, 순교자의 수는 그칠 줄 모르고 증가하였다. 그들은 정치적으로 귀족을 포함한 시민계급의 지지를 얻고 있었다. 이는 위그노 교도들이나 귀족들이 거의 동일한 경제적 모티프를 지니고 있었기 때문이다. 시

---

[35] 아그리파 도비네는 1576년 앙리 나바라 왕(앙리 4세)을 수행하는 군인으로 일한 바 있다. 그는 나중에 시인, 역사가, 헌법학자로 활동한다. 그는 1575년에 부상을 당해 휴양한다. 이때 도비네는 "성 바르톨로메우스의 밤"에 있었던 이야기를 「비극적 사건들(Les Tragiques)」에서 그대로 다룬다. 이 문헌에는 종교전쟁에 관한 가장 통렬하고도 격정적인 표현이 그대로 담겨 있다.

민계급으로 이루어진 위그노 교도들과 귀족들은 중앙집권주의에 맹렬하게 저항했으며, 과거 시대에 나타난 공동체의 자유를 갈구하곤 하였다. 이러한 기억은 오랜 시간 동안 잊히지 않았다. 공동체의 자유에 관한 사상은 프랑스 혁명 운동의 측면에서 고찰할 때 결코 잊을 수 없는 사항이다. 그것은 1871년에 파리코뮌의 무정부주의 운동이 전개될 때에도 다시 생생하게 재현된다.

라 보에시가 사망한 지 11년 후인 1574년에 "에우세비우스 필라델푸스 코스모폴리티카"의「대화」가 수록된 책에 라 보에시의「자발적 복종」의 라틴어 발췌본이 실린다. 몇 년 후에 프랑수아 오트망은 이 글을 프랑스어로 번역하여『프랑스인들의 자명종 시계』에다 수록한다. 1576년에 시몽 굴라르(Simon Goulard)의 책,『샤를 9세 치하의 프랑스 정부에 대한 회고』가 간행된다. 여기서 라 보에시의 논문 전체가 처음으로 발표된다. 프랑수아 오트망은 프랑스에서 민주주의를 급진적으로 옹호한 사람들 가운데 한 명이었다. 그의 대표작이나 다름없는 책,『프랑코 갈리아』는 "성 바르톨로메우스의 밤" 사건이 발생하고 몇 달 후에 간행된다. 이 책에서 저자는 인민주권은 아무런 조건 없이 관철되어야 한다는 생각을 피력하고 있다.[36] 이러한 견

---

36. 프랑수아 오트망(1524-1590)은 원래 슐레지엔 출신의 독일인이었는데, 프랑스로 이주하였다. 그는 칼뱅, 베차, 라 보에시와 마찬가지로 오를레앙에서 법학을 공부했다. 오트망은 법체계, 보편사에 대한 구상, 로마법 연구, 중세의 제도 및 법적 전통 등을 연구한 학자이다. 작품『프랑코 갈리아』는 1573년에 간행되었다. 여기서 오트망은 당면한 정치적 목표 때문에 프랑스에서 살고 있는 프랑크족의 역사와 법학의 역사 등을 연구하면서 헌법의 원칙을

해는 라 보에시의 영향 없이는 결코 생각할 수 없는 것이다. 다시 말해, 인민은 모든 경우에 있어서 스스로 지배 체제를 선택할 수 있으며, 지배 체제에 종언을 고하게 할 수 있는 권리를 지녀야 한다는 것이다. 오트망은 시민의 폭동을 하나의 합법적인 수단으로 설명하고 있다.

그렇지만 오트망이 이러한 생각을 남기기 전에, 위베르 랑귀에(Hubert Languet)는 1579년 "스테파누스 유니우스 브루투스"라는 가명으로 「폭정에 대항하는 정의」를 발표한다.[37] 여기에는 다음과 같은 글들이 씌어져 있다. "법보다도 왕에게 복종하려는 자는 차라리 동물의 지배를 더 좋게 생각하는 것처럼 보인다." "전체적 차원에서 우리 모두가 주인이듯이, 개별적 차원에서 우리는 형제의 관계 속에서 살아가고 있다." 17세기에 라 보에시의 문헌은 처음으로 약 30년 이상 놀라운 영향을 끼친다. 종파 간의 갈등은 결국 신교도의 패배로 종언을 고한다. 그 이후에 라 보에시의 책자는 좀처럼 발견되지 않았다. 여담이지만, 리슐리외(Richelieu) 같은 정치가는 라 보에시의 귀한 문헌을 구

찾아내려고 했다. 오트망은 이 책에서 "성 바르톨로메우스의 밤"에 자행되었던 피의 학살 사건을 직접 기술하였으며, 수천 년 동안 유효했던 법적 관습 속에 담긴 이성과 지혜를 다시금 강조하였다. 오트망은 『프랑코 갈리아』에서 이상적 과거 현실(가령 고대 그리스)에서 어떤 해결책을 발견하려고 했다. 『프랑코 갈리아』는 시몽 굴라르에 의해 1574년 쾰른에서 간행되었다. 시몽 굴라르는 그 전에 라 보에시의 「자발적 복종」의 결정판을 간행하기도 했다.

37. 위베르 랑귀에(1518-1581): 프랑스의 작가, 외교관, 멜란흐톤의 친구. 랑귀에는 성 바르톨로메우스의 밤 사건 이후에 프랑스를 떠났다. 나중에 1560년에서 1572년 사이에 작센 선제후의 사절단으로 프랑스를 방문한다.

입하기 위해서 피스톨 5정 값을 지불해야 했다고 한다.[38]

「자발적 복종」이 영향을 끼친 첫 번째 시기는 계몽주의 사조
가 다시 활기를 되찾은 때였다. 프랑스에서의 종교개혁 운동은
처음부터 계몽주의적 성격을 띠고 있었다. 이러한 운동은 정통
적 칼뱅주의에서 비롯한 경향만큼 막강한 힘을 지니고 있었다.
이는 낭트 칙령이 파기될 때까지 계속 효력을 끼쳤다. 계몽주의
적 경향은 프로테스탄트를 지지하는 소뮈르(Saumur) 학파와 세
당(Sedan) 학파 사이의 모순에서 그대로 드러나고 있다. 가령
소뮈르 지역에서 가르치던 모이즈 아미로(Moïse Amyraut)는 몰
락하는 교회 내에서 초기 계몽주의의 위대한 인물 가운데 한 사
람으로 인정받았다.[39] 사람들은 모이즈 아미로가 주창한 세계
평화를 위한 계획으로부터 오랫동안 커다란 감명을 받게 된다.
그렇기 때문에 개혁적 지조를 지닌 피에르 벨(Pierre Bayle) 같은
목사가 바로 이러한 학파에서 나타났다는 것은 결코 우연이 아
니다. 벨은 18세기 계몽주의 운동을 주도한 중심적 인물이기 때
문이다.[40] 18세기 계몽주의는 프랑스에서 상기한 관점을 세속적

38. 리슐리외(1585-1642): 루이 13세 당시의 총리. 그는 스페인의 합스부르크
   왕가를 몰락시키고 프랑스 절대왕정을 확립하려고 했다.
39. 모이즈 아미로(1596-1664): 프랑스의 개혁 신학자. 아미로는 신앙의 조건
   하에서 "신의 은총에 의한 우주론"을 내세웠는데, 많은 논란을 불러일으켰
   다. 그의 관심은 루터주의와 다른 신교 사이의 일원성을 찾는 작업이었다.
40. 피에르 벨(1647-1706): 프랑스의 철학자. 그의 책 『역사·비평 사전(Dic-
   tionnaire historique et critique)』은 너무나 유명하다. 벨은 이 책에서 정통 기
   독교 신앙을 파괴하도록 교묘하게 주석을 달았다. 그리하여 그는 프랑스 개
   혁 교회와 가톨릭교회로부터 커다란 비난을 받았다. 벨에 의하면, 인간은 보
   편적 회의주의에 도달할 수밖에 없다(여기서 말하는 회의주의란 종교적 유일 신
   앙에 대한 회의주의지, 계몽에 대한 회의는 아니다). 그렇지만 자연은 인간에게 끊

으로 재수용하였다. 실제로 프로테스탄트 교도들은 거의 교살 당했으며, 오랫동안 프랑스 지역에서 사라지고 없었다. 18세기 계몽주의 운동으로 인하여 그들은 다시금 이성적 사고를 지니게 되고, 나아가 그것을 혁명적 폭력으로 발전시킬 수 있었다.

17세기에 라 보에시의 「자발적 복종」은 세인의 뇌리에서 거의 잊혀졌다. 다만 파스칼이 그의 글을 세밀하게 읽었다고 전해진다. 페늘롱(Fénelon)은 라 보에시에 관하여, 그의 언어는 간결하고, 순수하며, 대담하고도 생기 넘치며, 열정적인 무엇을 담고 있다고 평가했다.[41] 이 시대에 불안하고도 가련하게 살았던 작가 콜레트(Colletet)의 다음과 같은 말은 주목할 만하다.[42] "라 보에시는 자유에 관한 열정을 지니고 있었으며, 천성적으로 모든 독재의 적대자였다. 이러한 이유에서 '이 담론서(ce libre discours)'는 환영받았다." 그럼에도 이는 간헐적인 언급에 불과했다. 18세기 초에 이르러서야 라 보에시의 글은 많은 독자를 얻게 된다.

중요한 것은 다음의 사항이다. 즉, 라 보에시의 글들은 1727년 제네바에서 몽테뉴의 『수상록』의 부록으로 간행되었다는 것 말이다. 이 시기부터 라 보에시는 오랫동안 명성을 떨치게

임없이 눈먼 신앙을 강요한다고 한다.
41. 페늘롱(1651-1715): 프랑스의 신학자. 자유주의적 시각과 신비주의로 인하여 국가와 교회로부터 비난 받았다. 그는 신교에 동조하지 않았지만, 가톨릭 신앙으로의 개종 강요에 대해 비판하였다. 그가 쓴 『텔레마크의 모험(Les aventures de Télémaque)』은 황태자 교육을 위해 집필된 것이다.
42. 기욤 콜레트(1598-1659): 프랑스의 작가. 코르네유와 함께 극작품 창조에 매진한 바 있다. 수많은 시를 집필하여 롱사르의 후계자라는 평을 들었다.

된다. 몽테뉴는 다음 세기의 프랑스 지식인들에게 지대한 영향을 끼쳤다. 르네상스의 계몽주의 운동은 바로 몽테뉴를 통해서 수용되었다고 해도 과언이 아니다. 당시에 라 보에시의 글을 읽지 않은 지식인은 아무도 없었다. 가령 장 자크 루소가 라 보에시의 글을 읽은 것은 거의 확실하다. 두 사람에게서 공통적으로 드러나는 표현에 관해서는 차제에 심도 있는 문헌학적 연구를 필요로 할 것이다. 1735년에 영국 런던에서 누군가가 라 보에시의 글을 영어로 번역하여 간행했다. 이로써 라 보에시의 이름 및 작품의 제목은 널리 알려지게 된다. 당시까지 위그노 교도들은 이 문헌을 익명의 「독재자에 반대하여」라는 제목으로 널리 전파해 왔다. 1781년 프랑스의 장관이자 왕실 아카데미의 회원인 마르퀴 드 폴미(Marquis de Paulmy)는 다음과 같이 말했다. "오늘날 전제 정치와 인간의 평등한 삶이라는 두 가지 사항에 대해서 어떤 정치적 · 철학적 견해를 가진 사람이라면 누구나 할 것 없이 역설적으로 라 보에시를 매우 칭찬하거나 그를 신랄하게 비난할 것이다." 이러한 말에서 우리는 라 보에시의 이념과 당면한 혁명에 대한 관계를 분명히 파악할 수 있다.

사람들은 라 보에시의 사상이 도래할 프랑스 혁명의 이념과 관련 있다고 분명하게 인식하였다. 그렇기에 1790년 누군가가 『혁명의 친구(*L'Ami de la Révolution*)』라는 책에서 열정적 언어로 라 보에시의 논문을 새로이 번역해 낸 것은 결코 우연이 아니다.[43] 이때부터 파리코뮌에 이르는 기간 동안 「자발적 복종」은

---

43. 이 책의 저자는 실뱅 마레샬(Sylvain Maréchal)로 추측되고 있다. 프랑스어로 번역되어 이 책에 실린 라 보에시의 논문은 비교적 현대의 언어로 생기

프랑스의 혁명 세력의 의식 속에 오래 머물러 있었고, 하나의 고전으로 간주되었다. 1835년 로아에-콜라르(Royer-Collard) 의 다음과 같은 슬로건이 발표된다. 부언하건대 로아에-콜라르 는 1830년에 결성된 온건한 정당의 정치가들 가운데 한 사람이 었다.[44] "자발적인 노예들은 수많은 독재자들을 만들어 내는데, 이 수는 독재자들이 만들어 내는 노예들의 숫자보다 더 많다." 라 보에시의 문헌은 1835년 격정적이고 유장한 서문과 함께 라 므네판으로 간행된다.[45] 그러나 라므네가 사회주의로 전향하 고 가톨릭교회를 저버리면서 라므네판은 더 이상 발간되지 않 는다. 루이 나폴레옹 왕국이 건립된 다음인 1852년 브뤼셀에서 『폭정, 왕위 찬탈 그리고 자발적인 복종(*Tyrannie, usurpation et servitude volontaire*)』이라는 제목의 책자가 간행되었다.[46]

있게 번역되어 있지만 완역본은 아니다. 특히 놀라운 것은 저자가 다음과 같 이 주장하고 있다는 점이다. 즉, 탄핵의 대상은 "왕" 내지 "왕권"이 아니라, 오로지 "폭군"이라는 주장 말이다.

44. 피에르 로아에-콜라르(1763-1845): 철학자. 프랑스 혁명 당시에 로아에-콜라르는 지롱드당에 가담하였는데, 구출되었다. 1811년부터 4년간 소르본 대학에서 교수로 일했으며, 1815년부터 의회 의원을 역임하였다. 콩디야크 (Condillac)의 상대적 회의주의에 대항하여 보편적 양심을 강조하고 인지 철 학을 발전시켰다.

45. 프랑스 복음 사회주의자 라므네(1782-1854)는 자유에 대한 신의 계시를 내 세우면서 일련의 책들을 연속적으로 간행했는데, 이때 라 보에시의 「자발적 복종」이 잡지 『미래(*L'avenir*)』에 실려 간행된다.

46. 주지하다시피 1830년 7월 혁명으로 루이 필립 부르주아 왕권이 탄생하였 다. 1840년 나폴레옹의 아들 프랑수아는 아버지의 유해를 센 강변으로 이장 했으며, 1848년 조카 루이 나폴레옹은 압도적인 표차로 제2공화국의 대통 령으로 당선되는데, 3년 후, 1851년 12월에 쿠데타를 일으켜 이듬해 황제로 등극한다. 나폴레옹의 제정은 1870년에 막을 내린다.

대체로 「자발적 복종」에 대한 비평은 논자의 정치적 신념과 밀접하게 관련되어 있다. 이는 특히 프랑스 근대사에서 나타난 여러 정치적 입장을 고려할 때 두드러지게 나타나는 현상이다. 폴 본느퐁은 놀라울 정도로 과학적인 방법을 동원하여 라 보에시를 연구했는데, 라 보에시의 문헌에 대해서 보수적 입장에서 비판을 가했다. 그는 다음과 같이 기록하고 있다. "언제 어디서나 혁명을 일으키는 사람들은 무기, 포장 도로 그리고 과거의 서적들을 필요로 한다. 「자발적 복종」 역시 일반적인 운명으로부터 벗어나지 못했다. 사람들은 특히 혁명이 발발했을 때 시대 상황에 걸맞게 이 작품에다 새로운 의미를 부여해 그것을 발간했던 것이다. 라 보에시의 작품은 이와 동일한 목적에 마구잡이로 활용되었다."

그렇다면 라 보에시는 후세 사람들의 의식 속에 어떻게 자리 잡고 있었는가? 어째서 그의 작품이 혁명 운동의 배경이 되는 문헌으로 해석되었을까? 이러한 문제는 1853년 앙리 보드리야르(Henri Baudrillart)의 『장 보댕과 그의 시대(*Jean Bodin et son temps*)』에서 고전적인 방법으로 기술되고 있다.[47] 보드리야르는 다음과 같이 말한다. "라 보에시의 정신은 역사학자 티투스 리비우스에 열광하여 얻은 것으로서 특히 재세례파 사람들에게 놀라운 영향력을 발휘하였다. 라 보에시의 논문은 고대의 모든 기본 규칙을 세상에 울려 퍼지게 함으로써 폭정에 항거하게

---

47. 이 책의 원 제목은 다음과 같다. 『장 보댕과 그의 시대. 16세기 정치경제 이론과 이념의 도표(*Jean Bodin et son temps. Tableau des théories politiques et des idées économiques au XVIe Siècle*)』

한다. 라 보에시는 억압당하는 인민의 대표자가 되고, 손에 무기를 들고 부정을 제거하려고 덤벼드는 동포애의 사도가 된 것이다." 보드리야르의 견해에 의하면, 라 보에시는 죄 없는 천국, 즉 완전한 무정부주의를 창출해 내려는 환상을 지녔고, 수동적 봉기의 이념을 발전시켰다. 그럼에도 불구하고 앙리 보드리야르는, 분명히 말해서, 「자발적 복종」에 담긴 철학적 내용을 약간 과장하였다. "왜냐하면 우리들이 처한 지금 이 시기는 평등을 내세우는 파괴적 이론을 또다시 요구하고 있기 때문이다." 보드리야르에 의하면, 라 보에시는 "20세의 나이에 공화 정치의 평등에 관해 열병을 앓은 뒤 사회에 적응하여 사회의 전통적 악습에 물들어 버린 젊은 세대의 대표적 유형의 한 사람"이었다고 한다.

　나중에 라 보에시는 비맹(Villemain)에 의해 긍정적인 평을 얻게 된다. 비맹은 위대한 자유사상가이자 문학사가로 활동한 사람인데, 1830년 혁명을 야기했던 건의문 "221명의 청원서"를 공동 제작한 사람이다. 비맹에 의하면, 라 보에시의 논문은 "젊은 그라쿠스"의 부서진 초상화에서 고대의 몰락을 발견할 수 있는 것처럼, 그리스 로마에 관한 책으로 간주될 수 있다고 한다.[48]

---

48. 젊은 그라쿠스(BC. 159?-121): 그라쿠스 형제 가운데 가이우스 그라쿠스를 가리킨다. 형 티베리우스는 소규모 자작농 계층을 위해 토지 개혁을 주장하다가 원로원 폭동에 의해 암살당했다. 동생 그라쿠스는 이러한 혼란을 수습하려고 여러 가지 제도적 대안을 제시하였다.

2. 독일

라 보에시의 논문은 독일에서도 역사적으로 많은 이야기를 남겼다. 논문의 내용은 근대 독일의 상황을 정확하게 반영하고 있었으므로 나름대로 영향을 끼쳤던 것이다. 1793년 당시에 영향력 있던 잡지 『신독일 메르쿠어(*Neuer Teutscher Merkur*)』 3월호에서 편집자 빌란트(Wieland)는 직접적으로 라 보에시를 거론하였다.[49] 프랑스 혁명이 그에게 라 보에시를 언급할 계기를 제공하였다. 빌란트는 시민계급을 대변하는 지식인이자 작가였으며, 상기한 잡지는 자유주의자들의 유력한 기관지였다. 좋든 나쁘든 빌란트는 독자들을 자극하기 위해서 무정부주의적 색채가 농후한 라 보에시의 글을 내놓았다. 그의 글을 번역한 사람도 빌란트 자신이었다. 그렇지만 그의 라 보에시 탐구는 놀라운 특징을 지닌다. 즉, 빌란트의 태도 속에는 프랑스 혁명에 대한 독일 시민계급의 비판적인 입장이 반영되어 있다.

그렇지만 빌란트는 다음과 같이 서로 상반되는, 모호한 견해를 드러낸다. 한편으로 그는 "한 사람 혹은 몇몇이 지배하는 것은 법에 어긋나며, 만인을 노예로 만들게 한다"라고 하면서, 다

---

48. 빌란트(1733-1813): 독일의 시인, 극작가, 번역가. 빌란트의 작품들은 독일 남부의 온화함과 자유분방한 기질을 그대로 반영하고 있다. 나아가 계몽주의, 고전주의 그리고 낭만주의 등의 모든 요소들을 어느 정도 담고 있다. 빌란트는 특히 번역가로 활동하였다. 그리스 로마 시대 작가들의 작품들은 빌란트에 의해 번역되었으며, 22편의 셰익스피어 극작품도 그에 의해 독일어로 번역되었다. 본문에서 언급된 잡지 『신독일 메르쿠어』는 1773년 간행되었는데, 그 후 37년간 지속적으로 발간되었다.

른 한편으로는 "지배를 받아야만 인간은 행복해진다. 지배자에
게 대항하는 모든 행위는 흉악한 것이다"라고 주장한다. 빌란
트는 다음의 내용을 첨가하고 있다. 만약 라 보에시가 다른 나
라에서 태어나 성장했다면, 그는 전자의 경우와 같은 혁명적 견
해를 추종하는 변호사가 되지 않았을 것이다. 왜냐하면 세계사
는 빌란트의 견해에 의하면 지금까지 복종의 견해를 옹호해 왔
기 때문이라고 한다. 라 보에시가 누구든 간에 변호사로 선임
된다고 해서 무조건 그러한 급진적 입장을 내세우지는 않을 것
이다. 몽테뉴 역시 라 보에시의 저작물을 진지하게 대하지 않았
다. 몽테뉴는 당시에 권력에 대해 몹시 두려움을 지니고 있었으
므로, 사실을 은폐하려고 했다. 빌란트는 이 사실을 거의 본능
적으로 알고 있었다.

그래서 빌란트는 다음과 같이 기술한다. "라 보에시의 연설은
잊혀진 과거에서 추출해 낼 수 있는 놀라운 교훈, 그 이상의 의
미를 지닌다. 왜냐하면 우리는 앙리 2세 치하에 살았던 16세의
젊은 프랑스인으로부터 군주제에 대항하며 공화주의를 부르짖
는 동시대 프랑스인의 목소리를 경청할 수 있기 때문이다. 물론
그의 연설문은 젊은 나이에 썼다고는 도저히 믿을 수 없는 놀
라운 내용을 담고 있다. 그렇지만 만약 우리가 다음과 같이 생
각한다면, 그것은 라 보에시를 무시하는 처사가 아닐 수 없다.
즉, 어릴 때부터 라틴어와 그리스 공화주의의 지조를 담은 책으
로 교육 받은 젊은이가 다만 웅변을 연습하기 위해서 「자발적
복종」을 집필했다고 단정하는 태도를 생각해 보라. 나아가 다
음과 같은 태도 역시 잘못된 것이다. 즉, 라 보에시가 머리를 전

혀 사용하지 않고 그저 용기와 신념에 비중을 두고 이 글을 썼다고 생각하는 태도 말이다. 논문은 정치적 개념을 명확하게 구분하지 않은 채 집필되어 있다. 그럼에도 불구하고 남자다운 진지함과 결코 의심할 수 없는 영혼의 울림이 작품 곳곳에 스며 있다. 만약 그가 우리 시대에 살았다면, 그는 지난해(1792년) 7월 10일부터 9월 21일 사이에 놀라운 일을 관찰했을 것이다."[50] 변명하듯이, 빌란트는 라 보에시가 몽테스키외만큼 축복받지 못한 시기에 태어났다고 덧붙인다. "당시에 절대군주 국가는 없었다. 프랑스의 군주는 나중에야 비로소 인민, 정부 그리고 왕의 권한을 지녔으며, 인민의 힘이 지배력과 조화를 이루게 되었던 것이다. 마치 풍족한 경제력과 영화로운 권력의 군건한 체제를 누린 혁명 직후의 대영제국처럼 말이다." 그렇기에 라 보에시는 군주제와 전제 정치를 자연적이고 시민적인 자유의 정치로 바꾸려 하였다.

빌란트는 라 보에시의 논문에 관해 어떤 근본적 토론을 불러일으키려고 했다. 빌란트의 견해에 의하면, 그것을 통해 무정부주의 정신은 독일에서 깊이 뿌리내리기 시작할 것이라고 말이다. 그러나 "자유롭게 된다면, 우리는 무슨 일을 할 수 있을까?" 이에 대해 현명한 자는 다음과 같이 반문할 것이다. "과연 우리가 무언가를 행할 수 있을 정도로 그렇게 자유로운가?" 하

---

50. 1792년 7월 10일 프랑스 혁명군은 독일 서부 지역을 침공하여 마인츠, 보름스 그리고 슈파이어 등의 지역을 함락시켰다. 그해 12월에 헤센의 군인들과 프랑크푸르트 시민들은 서로 합세하여 프랑스 혁명군들을 그곳에서 몰아내는 데 성공을 거둔다.

고 말이다. 자유는 인간의 품위를 깔아뭉개어, 우리를 마치 동물처럼 간주하게 하지 않을까? 어쩌면 "제발 자유롭게 해 달라!"하고 외치기 전에, "우리를 인간으로 예우해 다오!"라든가 "우리에게 인간적 교양을 쌓게 해 준 사람들에게 감사하게 해 다오!"라는 말을 들어야 하지 않겠는가? 문화는 오로지 어떤 특정한, 제한 없는 확고한 통치권에 의해서 발전하며, 이로써 "편안함과 안락함"이 생겨나게 된다고 한다. 여기서 빌란트는 고귀하고 아름다운 무엇을 추구하는 인간이 드물다고 터놓고 말하고 있다. 이는 당시 독일 시민계급의 의식을 충분히 반영한 것이다. "만약 내가 그러한 인간이 드물다고 말한다면, 이것이 인간성을 모독하는 말이라고 믿지는 않는다. 왜냐하면 이러한 입장은 모든 문제에 신중을 기하려는 자세에서 비롯한 것이기 때문이다."

만약 민주주의가 결코 천민들의 지배를 의미하는 게 아니라면, 그것은 군주제 내지 관료제나 다를 바 없다고 한다. 여기서 문제가 되는 것은 다음과 같은 질문이다. 즉, 독재는 어떠한 방식으로 한 명에게, 혹은 여러 명에게 아무런 결함 없이 이전될 수 있는가? 이러한 조건적인 물음에 대해서 빌란트는 다음과 같은 결정적 태도를 내세우고 있다. 즉, 가장 중요한 것은 사유권과 소유자의 안전이라고 말이다. 이를테면 프랑스 혁명은 이러한 사유권의 문제를 건드리고 시민사회의 특성을 뛰어넘기 시작했다. 이러한 발전을 고찰할 때, 반봉건주의는 즉시 파기되었으며, 시민들은 지금까지 싸워 온 기존의 지배 세력과 동맹을 맺기 시작했다는 것이다. 빌란트의 견해에 의하면, 통치권은 사유권을 수호하는 데에서 생겨난다. 왜냐하면 "사유권이 없으면, 소유도 있을 수 없으며, 사람들이 내세우는 문화 역시 생겨나지 않"기 때문이다.

빌란트는 사유권과 지배를 동일한 크기로 파악하고 있다. "어느 누구도 우두머리의 사유권을 없애지 않고서는 그에게서 통치권을 빼앗을 수 없다." 오로지 어떤 선한 의도에서 나온 폭력을 사용하지 않고서는 사유권은 결코 안전하게 보장받지 못한다. 따라서 빌란트는 이러한 폭력이 결코 투표의 과반수에 의해서 선출될 수 없다고 주장한다.[51] 통치자의 무력은 "신의 섭리에 의해 정해진 특정 인간"을 필요로 한다는 것이다. 이러한 명제에는 분명히 바람직한 면은 하나도 없다. 물론 빌란트의 견해는 지적이고 솔직한 것이기는 하지만 말이다. 빌란트는 통치권자의 권한을 내세우면서, 라 보에시에 대한 비판의 이유로서 다음과 같은 결론을 내린다. 즉, "사유권은 철저히 인정되어야 한다"는 것이다. 오로지 "통치권에서 사유권이 발생한다는 전제 하에서 우리는 이러한 권한을 당국에 돌려주었다"는 게 빌란트의 결론이었다.

19세기 중엽에 마르크스주의가 출현한다. 이와 관련하여 자유주의적 기조의 잡지, 『신독일 메르쿠어』는 몇 가지 중요한 성

---

51. 여기서 빌란트의 전근대적인 입장이 백일하에 드러난다. 빌란트는 민주주의를 용인하지 않고, 선한 왕이 행하는 이른바 "좋은 의도에서 나온 권력"을 전적으로 용인하고 있을 뿐이다. 왜냐하면 다수 대중은, 빌란트에 의하면, 교양을 쌓지 못한 천민들로 구성되어 있기 때문이다. 당시의 독일 상황을 염두에 둔다면, 빌란트의 이러한 발언이 무작정 거짓이라고 단언할 수는 없을 것이다. 18세기 말경에는 독일 인민의 80퍼센트가 문맹이었다. 그렇지만 여기서 문제가 되는 것은 이른바 빌란트와 같은 지식인들의 선민의식 내지는 학문적 교만함이 아닐 수 없다.

명서들을 게재한다. 여기서 빌란트는 라 보에시가 고대를 잘못
이해하였다고 주장한다. 그 때문에 독일 시민들은 고대 그리스
사람들을 위험 부담 없이 무조건 사랑하게 되었다는 것이다. 빌
란트에 의하면, 고대 그리스는 어떠한 이상도 지니지 않았다고
한다. 그럼에도 불구하고 프랑스 혁명가들은 이러한 생각을 마
구 퍼뜨렸으며, 인민 각자가 통치권을 함부로 행사하려고 했다.
이는 그 자체 "완전한 무정부주의"나 다름 없다고 말이다. 이와
유사한 견해는 편집자의 집요한 의도에 의해서 잡지에 반복해
서 실린다. 가령 프랑스에는 끔찍한 사건들이 계속 발생했는데,
이는 우리에게 다음의 사실을 시사해 주고 있다. 즉, "우리가 결
코 도달할 수 없는 무한한 행복의 그림자를 손아귀에 넣으려다
실재하는 선(善)을 잃어버리는 것은 커다란 손실이다. 이보다는
현재 상황에 결부되어 있는 결함을 참고 견디며 그런대로 살아
갈 만한 현실에 만족하는 게 훨씬 낫다."[52]

  빌란트는 왕을 살해했다는 사실에 대해 내적으로 수치심을
느낀다. 또한 민주주의라는 미명 아래 독일과 프랑스에서 행한
"혁명가들의 사악한 짓거리" 등에 대해 자신의 혐오감을 백일
하에 드러낸다. 빌란트에 의하면, 자코뱅 당원들은 자신의 의도
에 따라 과감하게 행동했다고 궁색하게 변명한다. 그들은 스스
로 "자유로운 인간"이라고 주장한다는 것이다. 자코뱅 당원들
은 자유를 함부로 평등과 결합시키려 했으며, (왕의) 개인적 공

---

52. 필자인 하이도른은 빌란트의 반혁명적 입장에 대해 자세하게 언급하고 있
   다. 이는 자칭 자유주의를 표방하는 18세기 지식인 작가들의 중립성이 구체
   제를 옹호하는 데 악용되었다는 사실을 지적하기 위함이었다.

로에 대해 조금도 존경의 마음을 품지 않았다고 한다. 그렇지만 빌란트는 다음의 사항을 덧붙인다. 즉, "그들과 같은 인간 유형에 대해 잘 아는 사람이라면, 그는 나에게 솔직하게 다음의 사항을 고백해야 할 것이다." "그들 대부분은 ― 여기서 나는 '그들 전부'라고 말하지 않고, '그들 대부분'이라고 의도적으로 칭하고 있다 ― 오로지 명령에 의해서 다스려져야 한다"는 것이 바로 그것이다. 프랑스는 천민들의 자연 발생적 권력과 운명에 의해 지배당하게 되었다. 만약 독일인 가운데 폭동을 일으키는 자가 있다면 그는 결코 용서받을 수 없다고 빌란트는 주장한다. 사람들은 "포악하고도 야만적이며 악마와 같은 잔악무도한 짓을 저질렀으므로 어떠한 시대도 이러한 수치스러운 범행을 감당해 내지 못할" 것이라고 한다. 다행스럽게도 "우리의 왕들은 '독재자'라는 지긋지긋한 명칭을 얻었다. 그들은 자주 다음과 같이 말하곤 했다. 즉, 인민들의 과도한 자유의 요구는 그 자체 뻔뻔스러운 짓이라고 말이다." 모든 것이 더 나아져야 했는데도 사람들은 자유를 얻지 못했고, 주권에 관한 의식 역시 발전되지도 않았다.

"독일은 현재의 상태를 고려할 때 고유한 철학을 바탕으로 한 국가의 법체계와 행정으로 인하여 프랑스와 같은 변화에 대해 전혀 걱정할 필요가 없다." 빌란트는 나아가 "독일인들은 서방국가들이 어렵사리 얻었던 자유의 거대한 부분을 실제로 지니고 있다"고 말한다. 이른바 진보적 지식인의 잡지인 『신독일 메르쿠어』에서는 다음과 같은 문장이 마치 찬가처럼 씌어져 있다. "우리의 살찐 농부, 잘 차려입고 안락하게 살며 좋은 음식을 먹는 시민은 열심히 일한다. 그들은 프랑스 자코뱅 당원으로부터 얼마나 멀리 떨어져 사는가? 당신들은 이 가련한 자를 구역질 나고 혐오스러운 눈으로 바라본다! 당신들은 우연히 일어난 프랑스의 우스꽝스러운 사건들에 대해 고개를 절레절레 흔든다. 그렇기에 이른바 자연스럽다고 하는 자유와 평등을 부자연스러운 것으로 받아들인다. 당신들은 자코뱅 당원으로부터 설득 당하기에는 너무나 계몽되어 있다. 프랑스인들과는 정반대로 당신들은 다음과 같은 사실을 예리하게 통찰한다. 즉, 국가라는 단순한 개념은 결코 자유와 평등 근처에서 존속될 수 없다는 사실 말이다." 자유와 평등은 수많은 대중들에게는 마치 "젖먹이에게 쥐어진 칼"이나 다름이 없다. 대중에게는 한 가지 특정한 견해가 있을 뿐, 이와 반대되는 견해는 아주 드물다는 것이다. 프랑스 대중들은 어느 미지의 사람에 관하여 다음과 같이 보고한다. 즉, 그는 다음과 같이 말했다. "모든 인민의 힘은 우리와 함께 있으며, 독일의 수백만 수공업자들보다도 더 크다 (…) 인민들만이 세상에 충격을 줄 수 있는 사람들이며, 거역할 수 없는 첫 번째 도구가 될 것이다."

나중에 『신독일 메르쿠어』의 편집자 빌란트는 다음과 같은 익명의 기사를 첨가하였다. "프랑스 자코뱅 당원들은 정말로 파렴치한 일을 저질렀다. 그들은 끓어오르는 피로써 사람을 마구 죽였던 것이다. 왜 철학자들은 프리드리히 왕, 철학적인 체하는 카트린, 인간의 친구라고 자처하는 요셉이 저지른 끔찍한 범죄에 대해서 입을 굳게 다물고 있는가?" 어느 다른 기고에서 익명의 사람은 다음과 같이 말한다.[53] "내 비록 가난하지만, 제후에게 종속되지 않은 자유로운 신분이다. 내일이라도 당장 타히티 섬에서 거주지를 찾을 수 있을 정도이니까. 그럼에도 내가 누구라는 것을 밝히는 게 껄끄럽다. 그래서 나는 본명을 밝힐 수 없다.”이 말을 덧붙인 까닭을 본인은 잘 알고 있었다. 빌란트는 조금도 거리낌 없이 라 보에시를 비난하고 모욕하고 싶었던 것이다. 바로 이 잡지에 독일어로 번역된 라 보에시의 글이 실렸으며, 이에 관한 해설과 논평이 실렸다는 사실을 생각해 보라.

빌란트의 글들은 현실에 직접 영향을 끼치려는 특성을 지니고 있었으며, (주장이야 어떻든 간에) 역사에 대한 깊이 있는 토론을 유발하였다. 이에 비하면 1961년에 간행된 볼프강 호프만-하르니쉬(Wolfgang Hoffmann-Harnisch)의 『자발적 복종』의 서문은 시류에 맞지 않는 것처럼 보인다.[54] 그럼에도 이것은 당시의 시대적 상황을 정확하게 반영하며, 독일 시민계급의 정신적 패배를 예리하게 지적하고 있다. 빌란트는 거대한 주권과 사회 사이의 관련성을 고유한 방식으로 예리하게 통찰했다. 호프만-하르니쉬에 의하면, 공산주의자들은 “마치 당연하다는 듯이 라 보에시의 글의 의미를 변화시켰다.” 라 보에시에게 중요한 것은 “구체적인 폭정이 아니라, 지옥 같은 폭정 그리고 천국같이 찬란한 자유”이다. 라 보에시는 인간을 불완전한 존재로서 인식했다고 한다. 바로 이 사실을 아무도 깨닫지 못했다고 호프만-

---

53. 여기서 익명의 기고자는 두말할 나위 없이 빌란트를 가리킨다. 빌란트는 익명으로 라 보에시의 입장을 노골적으로 비난하려고 하였다.

54. 볼프강 호프만 하르니쉬(1893-1965): 독일 작가, 번역가, 연출가. 그의 아들도 볼프강 하르니쉬라는 이름으로 배우, 연출가, 영화감독의 삶을 살다가 죽었다.

하르니쉬는 주장한다. 당통, 로베스피에르 그리고 그들의 패거
리는 왕당파들을 마차에 실어서 단두대로 질질 끌고 가서 처형
시켰다. 나중에 마르크스주의자들 역시 부르주아들을 그렇게
다루었다는 것이다. 사람들은 "새로운 인간을 창조하려는 어
떤 광기에 빠져들었다"고 한다. "그것은 글쟁이들의 이념이 아
닌가! 제대로 배운 교육자라면 이따위 난센스에 빠지지는 않을
것이다." 호프만-하르니쉬는 라 보에시의 가르침을 다음과 같
이 지적한다. 즉, 세계는 결코 변하지 않을 것이며, 중요한 것은
가톨릭 교리의 은총의 가르침이다. 라 보에시가 이를 말하지 않
은 것은 당시에는 당연지사였기 때문이라는 것이다.

　라 보에시의 글은 전후의 독일에서는 기이할 정도로 등한시
되어, 정치적으로 "올바른 중간(juste milieu)"으로 이해되기도
했다. 그렇지만 전후에 간행된 프리츠 마우트너(Fr. Mauthner)
의『무신론의 역사』를 읽으면, 우리는 라 보에시가 독일에서 얼
마나 원래와 달리 수용되었는가를 짐작할 수 있다.[55] 이 책은 라
보에시를 역모를 일으키지 않은 자라고 단언한다. 프리츠 마우
트너는 추상적으로는 계몽주의를 신봉했지만, 실질적으로는
보수주의자였다. 그래서 그는 "라 보에시의 글이 어떻게 구체적

---

[55] 프리츠 마우트너(1849-1923): 오스트리아 출신의 독일 작가. 언어 철학자.
그는 "프라이에 뷔네"(자유 극단)의 창립자였다. 마우트너는 작가로서보다도
풍자가로 더 유명하다. 철학자로서 마우트너는 신지학적 유명론을 추구하
였다. 그는 "언어 능력은 현실 인식의 수단이 아니다"라고 주장했으며, 언어
비판 작업이야말로 철학의 과제라고 생각하였다. 본문에서 언급되는『무신
론의 역사』는 마우트너가 1920년에서 1923년 사이에 4권으로 간행한『무신
론 그리고 무신론의 역사(Der Atheismus und seine Geschichte)』를 가리킨다.

으로 정치적 현실에 이전될 수 있는가?"하는 문제로부터 거리
를 두었던 것이다.

그래, 라 보에시의 글이 독일 정신사에서 제대로 등록된 적은
거의 없었다. 그렇기에 그것은 실제로 혁명적 자극을 거의 전
해 주지 못했다. 그렇지만 여기에는 한 가지 예외가 있다. 독일
의 사상가이자 무정부주의자인 구스타프 란다우어가 바로 그
사람이다.[56] 라 보에시의 문헌은 란다우어에게 심대한 영향을
끼쳤다. 란다우어는 다음과 같이 기술하였다. 라 보에시는 "유
명한 몽테뉴의 친구"였으며, 세속적 자유의 정신을 지니고 있
었다. "만약 시대정신이 라 보에시 자신의 문제와 직결되어 있
었다면," 그는 시대 속에 도사린 난제를 예리하게 통찰하여 이
를 글로 표현했을 것이다. 란다우어는 "그 이후의 혁명가들의
사상은 결코 라 보에시의 그것에 필적하지 못한다"고 단언한
다. "오늘날 권력 체제는 눈 깜짝할 사이에 몇 사람쯤이야 얼마
든지 제거해 버릴 수 있다. 그렇기에 우리는 과거보다도 미래
의 시간을 더 많이 고려해야 할 것이다. 이때 우리는 라 보에시
의 글에서 불과 몇 개의 단어만 고치면 족할 뿐이다. 만약 우리

---

56. 구스타프 란다우어(1870-1919): 독일의 작가. 정치가. 급진적 사회주의와
비폭력 무정부주의를 대표하던 지식인의 한 사람. 란다우어는 1905년에서
1915년까지 잡지 『사회주의자(Der Sozialist)』를 간행하였다. 1919년 뮌헨에
서 혁명 쿠데타가 일어났을 때 인민 계몽 장관으로 일하였다. 이때 그는 반
대파에 의해서 투옥당해 감옥에서 살해당한다. 학문적 업적으로는 사후에
발간된 2권의 책 『강연을 통해 본 셰익스피어』가 있고, 에크하르트 선사의
신비주의적 서적을 독일어로 옮기기도 했다. 러시아의 무정부주의자 크로포
트킨의 영향으로 1893년에 장편 소설 『죽음의 설교자(Der Todesprediger)』
를 발표하였으며, 1903년에 작품집 『권력 그리고 권력들』을 간행하였다.

가 새로운 혁명의 주도적 사상과 감정을 과거의 어느 혁명가의 입에서 배우거나 연구하려고 한다면 말이다." 란다우어는 1910년 9월 15일자 편지에서 라 보에시를 "너무나 멋진 인간"으로 명명한다. 그는 「자발적 복종」을 번역하여 자신이 간행하던 잡지 『사회주의자』에 실었다. 라 보에시의 문헌은 무정부주의를 표방하는 몇몇 소규모 독서 서클에서 약간의 반향을 불러일으켰을 뿐이다. 1924년 펠릭스 보엔하임(Felix Boenheim)은 말리크 출판사에서 『자발적 복종』을 간행하였는데, 이때 표지 그림을 그린 화가는 게오르게 그로츠(George Grosz)였다.[57] 번역 대본은 당시까지 알려지지 않았던 1577년 판으로서, 뷔르템베르크 도서관에 보존되어 있었다. 보엔하임은 서문에서 다음과 같이 기술한다. 인간의 노예적 상태는 존속되고 있으며, "해방을 위한 수단 역시 변한 게 없다. 비록 몽테스키외, 마르크스 그리고 레닌 등이 라 보에시의 시대를 지나쳐 출현하였지만, 「자발적 복종」은 오늘날에도 커다란 의미를 지니고 있다."

IV. 나가는 말

라 보에시는 생전에 아무 글도 발표하지 않았다. 다만 가까운

---

57. 게오르게 그로츠(1893-1959): 독일 출신의 진보적 세계관을 지닌 화가. 다다이즘에 공헌하였으며, 사회주의에 대해 동정적 태도를 취했다. 나치 시대에는 퇴폐 미술가로 낙인찍히기도 했다. 2차 세계대전 당시에 미국으로 망명했다가 죽기 직전에 베를린으로 돌아갔다.

친구들만이 그의 사상을 알았을 뿐이었다. 몽테뉴가 그에게 글을 쓰라고 권했을 때, 그가 종이에다 쓴 것은 "아니다"라는 한마디였다. 「자발적 복종」은 플루타르코스에 대한 평론이 계기가 되어 씌어졌다고 한다. 언젠가 몽테뉴는 플루타르코스에 관한 평문에서 다음과 같이 기술한 적이 있었다. "아시아 사람들은 전제 정치에 복종하고 있는데, 그 이유는 그들이 큰소리로 한 마디 음절도 내뱉지 못하기 때문이다." 이성의 본질은, 라 보에시가 이해한 바에 의하면, 루소가 순수한 자연에서 해결하려고 했던 후기 낭만주의적인 특성에 있는 것은 아니다. 그것은 뚜렷이 파악될 수 없는 것이며, 망각의 도취 속으로 잠입한 어두운 무엇 그리고 극복될 수 없는 무엇이다. 이루어진 모든 것은 여기에 해당되지 않는다.

"오늘날 완전히 새로운 인민이 이 세상에 태어났다고 가정해 보자. 그들은 억압에 익숙하지 않을 뿐 아니라, 자유 없이는 살 수가 없는 순진무구한 사람들이다. 그들은 지금까지 억압이나 자유라는 명칭조차 들은 바 없다. 만약 누군가 그들에게 노예 신분과 자유로운 삶 두 가지 가운데 하나를 선택하라고 한다면, 그들은 과연 무엇을 선택하게 될까? 새로운 인민은 의심할 여지 없이 이성에 따라 행동했을 것이다." 이러한 발언은 지극히 계몽적이다. 이러한 생각은 어쩌면 약탈의 역사가 종결된 다음에 나타날 수 있는 사고일지 모른다. 라 보에시는 정신적으로 낙후한 시대에 살면서도 우리에게 이성의 믿음에 대한 가능성을 제시했다. 그는 우리가 이성을 망각하지 않도록 도와주고 있다. 자고로 역사의 변증법이란 인간이 지속해야 하는 길로 무한히 이어지는 법이다. 거기에는 찬란한 지평이 아직 결핍되어 있으며, 인간은 오랫동안 현재의 고통을 견뎌 내야 한다. 지평 속에는 어떤 위대한 기억이 출현하고 있다. 이러한 기억은 찬란한 미래의 삶의 상을 향해 신속하게 다가간 노력에 의해서 나타난 것이다. 라 보에시의 「자발적 복종」은 독창적으로 이러한 기억을 환기시켜 준다. 이에 비하면 파스칼의 『팡세』는 모순의 반대명제를 제시한 셈이다. 왜냐하면 파스칼의 작품은 인간 삶의 분석을 통하여 어떤 마지막 모순의 정반대 상을 보여 주고 있기 때문이다.[58] 라 보에시의 작품은 우리 시대에 많은 애독자를 발견하게 될 것이다. 왜냐하면 우리 시대는 참다운 인간으로 존재하고 싶은 갈망을 일깨워 주기 때문이다. 아그리파 도비네가 다음과 같은 글을 쓰고 있을 때, 그의 뇌리에는 분명히 라 보에시가 떠올랐을 것이다. "헤엄치는 사람이 깊은 물 속에 잠겼다 떠오르듯이, 모든 사람은 꿈속에서 깨어나듯 죽음 속에서 솟아난다."[59]

---

58. 파스칼의 『팡세』는 영성에 관한 미완성의 기록이다. 파스칼에 의하면, 신의 은총을 받지 못하는 인간은 모순적 존재이다. 이러한 인간은 위대하고도 비천하다. 그가 위대한 까닭은 진리와 최고선을 갈망하기 때문이다. 그런데 그가 비천한 까닭은 최고선에 도달할 수 없기 때문이다. 파스칼은 신의 은총을 중시하고 사회 개혁의 의지를 무가치한 것으로 파악하였다. 오로지 절대 신에 대한 믿음이야말로 인간을 구원해 준다는 것이다. 따라서 본문에서 거론되는 "마지막 모순의 정반대 상"이란 은총으로 가득 찬 천국의 모습을 가리키는지 모른다.

59. 원문은 프랑스어로 쓰여져 있다. "Comme un nageur venant du profond de son plonge, tous sortent de la mort comme l'on sort d'un songe."

세볼 드 생트–마르트: 라 보에시와 몽테뉴

이 문헌의 제목은 「에티엔 드 라 보에시와 미셸 드 몽테뉴(Etienne de La Boétie et Michel de Montaigne)」이다. 이 글은 1644년 파리에서 간행된 세볼 드 생트-마르트(Scévole de Sainte-Marte)의 책, 『유명 인물 예찬(Eloges des hommes illustres)』(제2권, pp. 147-52)에 실렸다.

에티엔 드 라 보에시는 페리고르 지방에 있는 도시, 사를라에서 태어났다. 그는 성장하자마자 명예로운 관직을 얻게 된다. 보르도 지방 의회의 의원이 그것이다. 라 보에시는 놀라운 재능을 지닌 탁월한 인간이었다. 그의 재능은 귀한 학문을 연마할 때 그대로 나타났다. 그렇기에 이른 나이에 관직에 오른 사실에 대해 부당하다고 지적할 만한 것은 거의 없다. 왜냐하면 그는 자신의 관직을 수행하는 데 필요한 법학적 지식 외에도 철학의 제반 영역, 특히 윤리학의 영역에서 가장 중요한 지식을 습득했기 때문이다. 라 보에시는 다음과 같이 굳게 믿고 있었다. 즉, 윤리학이라는 학문이 실제 현실에서 활용되지 않는다면, 그것은 공허할 뿐 아니라, 결코 유익한 게 아니다. 윤리학은 훌륭한 것이며, 실천되어야 마땅하다. 이러한 사고로 인하여 그의 삶은 완전한 도덕과 명예를 중시하는 인간의 도덕 등에 관한 진정한 상 내부로 빠져들게 된다.

라 보에시는 간간이 라틴어와 프랑스어로 시를 썼다. 그의 시적 표현은 고아하고 세련된 아름다움을 지니고 있으며, 경쾌함을 지닌다. 그의 시를 읽지 않은 사람은 이러한 특징을 조금도 짐작하지 못할 것이다. 한마디로 라 보에시는 탁월한 정신의 소유자였으며, 고결한 마음으로 끝없이 노력하는 사람이었다. 아우소니우스(Ausonius)가 살던 시대 이래로 기옌 지방에서는 지금까지 어느 누구도 라 보에시만큼 문학적으로 탁월한 작품을 창조해 내지 못했다.[1] 왜냐하면 기옌 지방은 오로지 라 보에시를 통해서 한 명의 진정한 시인을 배출했다는 명예를 얻게 되었기 때문이다. 실제로 그의 시 작품은 이탈리아까지 퍼져 나갔고, 그곳 사람들은 라 보에시의 시적 아름다움에 질투심마저 느꼈다고 한다.

나아가 그의 산문 작품은 너무나 명징하고도 순수했다. 사람들은 라 보에시로부터 여러 가지 은혜를 입고 있는데, 우리는 위대한 작가에게 최고의 찬사를 던져도 모자람이 없을 것이다. 라 보에시는 자신의 작품에 스스로 번역한 크세노폰, 플루타르코스 등의 글들을 다양하게 인용한 바 있다. 이러한 인용은 충

1. 데미쿠스 아우소니우스(310-394): 라틴어 작가이자 웅변학자. 그는 기독교를 신봉했으나 이교도의 종교적 상에 친숙했다. 라인 강의 자연 풍경을 6각운으로 묘사하기도 했다. 파울리누스 폰 놀라와의 편지 교환으로 유명하다.

직할 정도로 정확하게 연마된 번역에 바탕을 두고 있다. 그렇기에 우리는 더 나은 번역을 찾아내기 힘들 정도이다. 라 보에시의 절친한 친구들은 그의 다른 작품들을 세상에 공개하지 않으려고 했다. 작품 발표가 행여나 친구에 대한 아름다운 기억에 누를 끼칠까 두려웠던 것이다. 여기서 말하는 산문 작품이란 시대의 요청에 의해서 씌어진 정치적 문헌들을 가리킨다. 그 하나는 자발적 복종에 관한 글이며, 다른 하나는 1562년 1월 칙령을 계기로 나타난 소요 사건에 관한 글이다. 특히 소요 사건은 너무나 민감하고도 미묘한 것이었다. 그 때문인지 몰라도 라 보에시는 형식에 얽매이지 않고 자유롭게 글을 써 나갔다. 어쩌면 시대는 작가의 생각을 제대로 수용할 수 없었는지 모른다. 사람들은 라 보에시가 죽은 뒤 오랫동안 그의 작품을 공개하지 않았다. 말하자면 그의 글들은 그가 살아 있었을 때와 마찬가지로 사장되어 있었던 것이다. 1563년 라 보에시는 불과 서른두 살의 나이에 적리(赤痢)라는 병으로 사망한다.[2] 결코 편안한 죽음을 맞이하지 못했지만, 그는 조용히 죽어 갔다. 왜냐하면 사랑하는 친척들과 그의 훌륭한 친구들이 그의 임종을 지켜보았기 때문이다.

미셸 드 몽테뉴는 당시에 같은 관청에서 일했는데, 라 보에시를 사랑하며, 요절한 친구에게 깊은 우정을 느끼고 있었다. 그는 병의 진행 과정과 가장 귀중한 친구 라 보에시의 죽음에 관한 훌륭한 글을 남겼다. 몽테뉴는 친구를 위해서 그의 임종을

---

2. "적리"는 급성 이질의 하나로서, 이질 박테리아의 하나인 적리균이 몸에 침투하여 생기는 병으로 알려져 있다.

지켜보았다. 그리고 친구가 물려준 장서를 소유하게 되자, 친구의 작품들을 하나씩 둘씩 모으기 시작했다. 죽은 친구에 대한 우정은 결코 파기될 수 없었으며, 영원한 대가를 필요로 했다. 그래서 그는 찬란한 가치를 지닌 말씀과 함께 라 보에시의 작품들을 후세에 남겨 놓았다. 작품 내용의 놀라운 가치와 문헌학적 가치 등을 고려할 때, 두 사람 모두 크게 공헌한 셈이다.

미셸 드 몽테뉴는 페리고르에 있는 왕실 교단 소속 기사의 아들로서 몽테뉴라는 궁성에서 태어났다. 아버지는 지금까지의 가풍에 따라 아들이 자신의 직업을 그대로 물려받기를 원했다. 그렇지만 몽테뉴는 무기를 증오했다. 대신에 그는 즐거운 마음으로 학문에 매진하여 철학, 문학, 법학 등과 같은 학문 분야에서 커다란 지식을 쌓는다. 그리하여 몽테뉴는 툴루즈 지방 의회의 의원으로 그리고 판관으로 일한다. 몇 년 후 친형이 사망했을 때 판관직을 스스로 사임하고 아버지가 일하던 왕실 교단으로 되돌아간다. 이곳에서 그는 자신의 놀라운 능력을 유감없이 발휘하여 세인으로부터 커다란 인정을 받게 되었다. 이 와중에 그는 다른 삶의 방식을 선택한다. 어쨌든 몽테뉴는 여러 곳을 전전하며 살아간다. 몽테뉴는 실제로 관리로 살았지만, 가계의 특성을 고려할 때 왕실 기사의 한 사람이나 마찬가지였다. 그렇지만 그는 오래 전부터 내적으로 예술과 어떤 동맹을 맺고 있었다.

몽테뉴는 다만 『수상록』이라는, 단순한 제목으로 여러 가지 다양한 작품들을 프랑스에 남겼다. 비록 문체의 우아함이라든가, 훌륭하고도 간략히 표현된 자유, 그리고 그가 다루는 대상의 충만함 등은 보다 화려하고도 더 멋진 제목을 달아도 좋았

지만 말이다. 이러한 사항들은, 나의 견해에 의하면, 하나의 진
리를 그대로 드러낸다. 몽테뉴는 항상 정선된 작품만을 발표하
였다. 그렇기에 그는 더욱 놀라운 명성을 얻게 되었다. 몽테뉴
의 이름은 프랑스뿐만 아니라 외국으로 널리 퍼져 나갔다. 심지
어 세상의 모든 도시 가운데 최고라고 스스로 자부하는 로마조
차도 그에게 명예 시민권을 부여하며 로마 시민으로 받아들이
는 데 조금도 주저하지 않았다. 물론 몽테뉴는 세속적 욕망이
라든가 공명심에 집착하여 이름을 떨치려고 애쓰지는 않았다.
그럼에도 불구하고 그는 로마 시민권 획득에 대해 아주 기뻐했
으며, 후세에 자신의 명예를 전하는 일로부터 완전히 벗어나 있
지는 않았다. 가령 그는 로마의 명예 시민 증서와 교황의 칙서
등을 자신의 책에다 삽입해 넣었다.

　비록 친구인 라 보에시보다 오래 살았지만, 몽테뉴도 오랜 기
간 동안 병고로 인하여 고통스러운 시간을 보내야 했다. 왜냐하
면 그는 산통(疝痛)으로 인하여 몹시 괴로워했기 때문이다.[3] 정말
로 병은 그에게 엄청나게 고통스러운 아픔을 주었다. 몽테뉴는
극한적인 인내와 어느 누구도 물리칠 수 없는 정신력으로 병고를
감내해 나갔다. 인간의 죽음이란 자연에게 진 빚을 되돌려주는
일이라고 누가 말했던가? 친구가 사망한 지 30년이 지난 후에 몽
테뉴는 자신의 빚진 삶을 자연에게 조용히 되돌려주었다.

(이하 생략)

---

3. "산통"은 간헐적으로 찾아드는 복통 가운데 하나이다. 이는 복부 내장의 여
　러 질환으로 나타나는 통증이다. 산통은 담석증 발작, 장 폐색 등으로 인하
　여 나타나는 것이다.

자료 2

스피노자: 폭정과 자유

1670년 스피노자(1632-1677)는 자신의 책, 『윤리학(Ethica)』에서 다음과 같이 묘사하였다. 인간의 개별적인 삶은 "여러 가지 정서 (Affekte)"에 조건화된 예속성과 자유 사이의 긴장 관계 속에 처해 있다. 스피노자에 의하면, 인간은 이성의 힘으로 이러한 긴장 관계를 해결할 수 있다. 이러한 입장을 토대로 하여 스피노자는 "국가 속에서의 자유는 반드시 필요하다"는 사실을 증명해 내려고 한다. 그리하여 쓰어진 책이 1670년의 신학적·정치적 입장에 관한 논문, 이른바 『신학-정치학 논문(Tractatus theologico-politicus)』[1]이다. 스피노자의 다음의 글을 통해서 우리는 과연 그가 라 보에시의 문헌을 직접 읽고 이를 참조했는가를 도저히 증명해 낼 수 없다. 다만 스피노자의 생각은 라 보에시의 그것과 많은 공통점을 지니고 있다.

  군주의 정부는 통치술의 비밀 수단으로서 다음의 방법을 유효하다고 생각하고, 이에 대해 지대한 관심을 쏟고 있다. 즉, 군주는 종교라는 허울 좋은 이름으로 인민을 오류와 두려움에 사로잡히게 하지만 온갖 수단 방법을 동원하여 이를 은폐하려고

---

1. 한국어판: 스피노자, 『신학정치론』, 황태연 역, 비홍출판사, 2013.

한다. 그리하여 군주는 인민으로 하여금 노예 상태에 처해 있
도록 있는 힘을 다해 싸운다. 그리하여 인민은 마치 노예 상태
가 하나의 행복인 양 착각하게 된다. 군주의 허울 좋은 통치 수
단을 통해서 인민은 단지 한 사람의 공명심을 위하여 자기 자
신의 목숨을 초개처럼 버리는 것을 굴욕이 아니라, 가장 고결한
명예라고 생각한다.

　설령 상기한 내용이 진실이라고 가정하더라도, 자유로운 국가
내에서 자유는 가장 불행한 것으로 생각되고 또한 이와 같은 계
획이 채택되는 것만큼 끔찍한 일도 없다. 개별 인간들의 자유로
운 견해들은 선입견에 갇혀 있으며, 어떤 특정한 방식으로 제한
되어 있다. 따라서 그게 일견 자유롭게 보인다고 하더라도 인간
의 보편적 자유와 절대로 일치하지 않는 것으로 생각된다.

　종교에 어떤 동기를 부여하는 혼란 내지 소요에 관해 말해 보
자. 혼란이라든가 소요는 오로지 다음의 경우에서 유래한다.
즉, 사변적 질문을 오로지 법으로써 판단하려는 경우, 그리고
특정한 종교적 견해를 마치 범죄인 것처럼 처벌 가능한 것으로
단정하며 다른 견해를 지닌 종교인들을 박해하는 경우를 생각
해 보라. 이 경우 특정한 종교적 견해의 옹호자 내지 추종자들
은 국가의 안녕을 위해서가 아니라, 오히려 반대파의 증오와 분
노를 달래 주기 위해 희생되어야 한다. 만약 국가의 법이 오로
지 "행동"만을 처벌하고 "말"을 처벌하지 않는다면, 상기한 혼
란과 같은 상황은 어떠한 법적 핑계로도 미화될 수 없을 것이
다. 그렇게 된다면 의견 대립 자체가 끔찍한 폭동으로 비화되는
일은 발생하지 않을 것이다.

이제 나는 기이하게도 아무런 제한 없이 자유롭게 의견을 피력할 수 있는 국가에서 운 좋게 살아가고 있다. 이러한 국가에서는 모든 사람들이 자신의 고유한 신념에 따라 신을 경배할 수 있는 권리를 누리며, 이러한 권리 자체를 가장 귀중하고도 가치 있는 것으로 여긴다. 그렇기 때문에 나는 다음과 같은 일을 결코 불경하거나 불필요한 것으로 생각하지 않는다. 즉, 인간의 진정한 자유는 종교 내지는 시민의 평화 등에 불리하게 작용하지 않는 한 마음껏 허용되어야 한다. 참된 종교와 시민의 평화 등은 만인에게 자유를 허용함으로써 이루어지듯이, 진정한 자유는 외부적 제약에 의해서 방해받지 말아야 한다.

무엇보다도 이 내용이야말로 나의 논문에서 밝히려고 처음부터 계획했던 것이다. 이러한 목적을 위해서 나는 우선적으로 종교에 대한 근본적인 선입견들, 다시 말해서 과거의 노예근성에 대한 흔적을 명백하게 표현해야 했다. 그 다음에 내가 언급해야 하는 것은 가장 고매한 국가 폭력의 권한에 관한 선입견이었다. 비근한 예로 수많은 권력자들이 뻔뻔스러울 정도로 무례하게 국가의 막강한 권력을 휘둘러 오로지 아전인수 격으로 활용하곤 한다. 그리하여 그들은 대중이 추구하는 자유의 정신을 종교적인 구실로써 억압하는 것이다. 만약 대중들이 권력에 대항하면, 권력자는 이들이 마치 이교도적인 미신에 사로잡혀 원래 주어진 종교적 질서에 대항한다고 흑색선전을 퍼뜨린다. 억압이 성공적으로 이루어지면, 모든 것은 다시 노예 상태로 가라앉게 된다고 그들은 굳게 믿는다.

자료 3

루이 블랑: 프랑스 혁명의 역사[1]

루이 블랑(1811-1882)은 프랑스의 공상적 사회주의자로서 노동자에
의해 자발적으로 운영되는 "사회 작업장 이론"을 표방하였다. 1837
년에 블랑은 루이 필립 정권에 반대하는 선거개혁위원회에서 일하기
도 했으며, 1839년부터 일간지 『진보 평론(Revue de Progrès)』을 발간
하기 시작했다. 자신의 저작물 『노동자 조직(L'Organisatio du travail)』
은 이 신문에 연재되었다. 블랑은 당시의 자유방임에 의한 자본주의
는 사람들을 첨예한 투쟁으로 몰고 가 약자를 궁지에 빠뜨림으로써
인간성을 상실하게 만든다고 생각했다. 사회가 더 나은 단계로 발전
하려면, 국가가 재정을 뒷받침하는 "사회 작업장"을 만들어야 한다
고 그는 굳게 믿었다. 사회 작업장은 노동자들의 자치적 단체로서 노
동조합 이상의 의미 내지 활동 범위를 지니고 있다. 블랑은 인간이 평
등하다는 것을 인정하지 않았지만, 그렇다고 각자 성과대로 대가를
받아야 한다는 생-시몽의 견해를 순순히 수용하지도 않았다. 정의는
오로지 "각 개인이 하느님이 기록한 자연법에 순응하면서 자기 능력
껏 생산에 참여하고, 자기가 필요한 만큼 소비하게 될 때" 실현될 것
이라고 한다. 다음의 글 속에는 자연법과 라 보에시에 대한 블랑의
견해가 그대로 담겨 있다.

---

1. 이 글이 실린 책의 제목은 다음과 같다. *L'Histoire de la révolution fran-
çaise*, Paris, 1847.

(…) 동지애라는 고결한 원칙은 누구에 의해 제기되고 옹호되었는가요? 라 보에시에 의해서입니다. 누군가가 라 보에시를 16세기에 프로테스탄티즘을 표방했던 수많은 작가 내지 지식인 가운데 한 사람으로 평가한다면, 그는 커다란 잘못을 범하는 셈입니다. 라 보에시는 사상적 깊이에 있어서 수많은 프로테스탄트 작가들과는 다릅니다. 가령 「자발적 복종」은 문체에 있어서도 수많은 문헌과 완전히 구분되고 있음을 쉽게 알아낼 수 있습니다. 다른 논문들은 대체로 구약성서에서 많은 교훈을 끌어내고, 매 페이지마다 성서의 정신만을 생생히 보여 주지 않는가요?[2]

그럼에도 불구하고 「자발적 복종」은 당대에는 제대로 인정받지 못했습니다. 그것은 라 보에시의 다른 문헌, 「1월 칙령의 회고」를 위한 책에 부수적으로 실려 간행되었습니다. 나아가 첫 번째 판은 프랑수아 오트망의 『프랑코 갈리아』의 일부분으로 발간되었을 뿐입니다. 물론 라 보에시와 당시의 프로테스탄트의 지조를 지닌 작가들은 어떤 공통점을 지니고 있었습니다. 즉, 무제한적 권력의 토대를 근절하기 위한 처절한 작업이 바로 그 공통점입니다. 그렇지만 그들은 출발점, 목표, 경향성, 그리고 스스로 내세운 교훈에 있어서 근본적으로 다릅니다.

예컨대 라 보에시는 다만 인민들의 내면에 담긴 노예화의 경

---

2. 사실 16세기에 간행된 대부분의 인문학 서적의 내용은 성서를 도외시하고는 생각할 수 없다. 라 보에시의 문헌에는 "성서" 대신에 고대 "그리스 로마의 서적"이 주로 언급되고 있다. 따라서 그것은 중세의 세계관을 뛰어넘는 인간성 내지 자유 추구의 의지를 그대로 드러내고 있다.

향과 인민끼리 서로 싸우는 성향만을 신랄하게 비난하였습니다. 다시 말해, 그는 점령군의 잔악무도한 행위, 강도 짓거리, 간음 행위 등을 다루지 않았습니다. 더욱이 정상적 인간이라면 죽음을 각오하고 피 흘리면서 싸워야 할 야만적 병영은 라 보에시의 비판 대상이 아니었습니다. 라 보에시는 오로지 인민들이 독재자의 폭력을 참고 견디는 태도만을 비판하였습니다. 즉, 독재자는 헤라클레스나 삼손처럼 막강한 힘을 지닌 자가 아니라 소인배 한 사람에 불과하다는 것입니다. 어쩌면 그는 어느 국가에 살고 있는 사람들 가운데 가장 겁 많고 유약한 존재라고 합니다. 이렇듯 라 보에시는 독재자를 가리키며, 오로지 독재자에게 자진해서 몸 바치려는 사람들에게 다음과 같이 외쳤을 뿐입니다. "만약 이 사기꾼에게 너희들이 방조자로서 무엇을 제공하지 않고, 이 살인자에게 너희들이 조력자로서 시중을 들지 않는다면, 그가 너희에게 무슨 해악을 입힐 수 있겠는가?"

라 보에시의 이름은 후세 사람들이 감사함을 느끼도록 명예의 전당에 기록되어야 할 정도로 가치가 있습니다. 그렇습니다, 라 보에시는 훌륭한 선인들과 함께 존경받아야 마땅합니다. 왜냐하면 그는 인간의 품위를 고수하기 위하여, 놀라운 언어를 통하여 "인간성을 말살시키는 자"에게 통쾌한 복수를 가하고 있기 때문입니다. 실제로 라 보에시의 언어는 가이우스 그라쿠스의 놀라운 열광적 혁명의 기운이 타키투스의 냉정한 역사 서술의 힘과 결합된 게 아닌가요?[3]

---

3. 가이우스 그라쿠스(B.C. 160?-121): 형 티베리우스가 제안한 토지 개혁안을 다시 제정하였다. 이는 비대한 원로원의 권한을 줄이기 위한 법안이었다. 형

그렇지만 라 보에시는 인간의 역사에서 결코 사멸될 수 없는 무엇을 요구하고 있습니다. 이는 지금까지 간파하지 못한 내용 이기도 합니다. 가령 「자발적 복종」에서 많이 인용될 가치를 지 니고 있지만, 지금까지 거의 인용되지 않은 구절은 다음과 같습 니다.

"그렇지만 우리는 자연에서 어떤 분명하고도 확실한 무엇을 발견할 수 있다. 자연 속에는 어느 누구도 간과해서는 안 될 사항이 한 가지 포함되어 있다. 그것은 평등이다. 신의 시녀이자 인간의 교사인 자연 은 인간을 오로지 어떤 한 가지 형태로, 구체적으로 말하자면 동일한 설계에 따라 창조했다. 그리하여 우리 모두가 서로 동지로서 그리고 나아가 형제로서 인식하도록 조처했던 것이다. 어쩌면 자연은 ― 영 혼의 영역이든 육체의 영역이든 간에 ― 어느 한 사람을 선호하여 그 에게 다른 사람들보다 더 많은 재능을 부여했는지 모른다. 설령 그렇 다 하더라도 강한 자와 영리한 자가 마치 무장한 강도처럼 약한 자와 어리석은 자를 습격하거나 약탈하게 하지는 않았다. 자연은 이 세계 에 마치 전쟁터와 같은 무엇을 설치해 두지는 않았다. 자연이 개개인 들에게 제각기 다른 능력을 부여한 까닭은 무엇인가? 그것은 추측컨 대 강한 자와 영리한 자로 하여금 도움을 필요로 하는 자들과 동지애 를 나누게 하고, 힘없는 자들을 도울 수 있도록 하기 위함이었다.

티베리우스 그라쿠스가 원로원의 이해관계에 얽혀 살해당했듯이, 동생 가 이우스 그라쿠스 역시 자신의 토지 분배법을 수호하다 끝내 자결한다. 루이 블랑은 어떠한 이해타산에 얽히지 않고 자신의 개혁적 입장을 열광적으로 추구한 사람으로서 가이우스 그라쿠스를 언급하고 있다.

자연은 좋은 어머니이다. 자연은 우리 모두에게 지상에서 편안히 살 수 있는 거처를 마련하게 하였으며, 나아가 우리 모두에게 하나의 동일한 범례를 가르쳐 주었다. 이로써 우리 모두는 자기 자신을 다른 사람 속에 비추면서, 동시에 이웃 사람들을 통해 자기 자신을 인식하도록 조처해 주었다. 또한 자연은 우리 모두로 하여금 말을 통하여 항상 신뢰하고 언제나 형제같이 지내도록, 이른바 '언어'라는 위대한 선물을 주었다. 그리하여 우리는 공동으로 의견을 교환할 수 있게 되었으며, 공동 의지의 운명이 자라나게 하였다. 자연은 모든 수단을 동원하여 우리를 어떤 결합된 띠로 결속시키고 하나의 공동체로 모이도록 한다. 우리를 단순히 결합시키는 게 아니라, 함께 바람직한 공동체를 재건하려고 애쓴다. 만약 그러하다면, 우리는 모두 의심할 여지 없이 자연적으로, 천부적으로 자유로운 존재이다. 왜냐하면 우리는 누군가에 의존해서 사는 사람들이 아니기 때문이다. 자연이 우리 모두에게 고유한 권한을 가지고 살아가도록 허용했음을 고려한다면, 어느 누구도 자신이 주어진 사회에서 평생 노예로 살아가야 한다고 생각해서는 결코 안 된다."

라 보에시의 이러한 글을 읽으며 그의 시대를 상상하는 독자는 가슴속 가장 깊은 곳까지 파고드는 진리에 감동하며 감탄을 터뜨릴 것입니다. 이를테면 라 보에시의 위의 발언은 다음과 같은 구원의 가르침이 됩니다. 즉, 어느 특정 개인의 힘은 다른 사람이 이를 필요로 할 때 자연스럽게 사용될 수 있다는 점, 인간은 자신의 탁월한 능력을 자신의 권한으로 사용할 게 아니라 봉사하는 마음으로 능력 없는 자에게 그것을 사용해야 한다는 점이 바로 그 가르침이 아닙니까? 그렇습니다, 라 보에시는 앞의 글에서 다음의 사항을 말하고 있습니다. 즉, 자유의 조건과 자유의 본바탕은 오로지 친구를 사랑하는 마음속에서 발견된다고 말입니다. 모두 친구이고 형제자매이기 때문에 우리는 자유롭다고 선언할 수 있는 게 아닌가요?

　이러한 생각은 지극히 당연한 것이지만, 당시의 상황에서는 현실감이 결여된 망상으로 여겨졌습니다. 오늘날 그것은 수많은 정신적 노력과 여러 혁명 등을 거친, 이른바 정직한 사람의 꿈으로 간주되고 있지 않습니까? 바로 이러한 꿈을 라 보에시는 16세기에 공언했던 것입니다. 그것도 자신의 재능을 그대로 발휘하여 미덕으로 이루어진 연대 속에서 말입니다. 그렇지만 실현의 순간은 도래하지 않았습니다. 이제 개인주의와 권위 사이에서 진지한 투쟁이 새롭게 탄생할 수 있습니다.

레오 톨스토이:
사랑의 법칙과 폭력의 법칙[1]

주지하다시피 레오 톨스토이는 기독교 정신에 바탕을 둔 사랑의 법칙을 인간 삶의 이상으로 간주하였다. 실제로 『부활』, 『전쟁과 평화』 등의 소설들은 국가 조직들의 거대한 체제가 개개인에게 가하는 폭력을 강하게 비판하고 있다. 군대, 국가 조직, 교회 등은 무산계급을 착취하는 수단으로 다루어지고 있다. 특히 『부활』에서 톨스토이의 비판은 무엇보다도 법원과 형법의 집행으로 향한다. 작품 속에 실려 있는 수많은 에피소드, 전기 그리고 성찰 등은 당시 러시아 사회 내의 법 집행의 불법성을 지적하고, 형사소송법의 집행에 있어서 나타나는 비인간적 내용을 신랄하게 고발하고 있다. 다음의 글, 「사랑의 법칙과 폭력의 법칙」에서 톨스토이는 기독교의 사랑에 근거한 개개인의 삶의 행복을 간결하게 지적하고 있다.

만일 인간이 어떤 고결한 인간적 목표라는 미명으로 타인을 고문하거나 살해하는 것이 인정된다면, 어떨까? 만약 그러하다

---

1. 이 글의 원문은 다음과 같다. *Léo Tolstoï: La loi de l'amour et la violence* (translated by E. Halpérine-Kaminsky), Paris, 1910.

면 타인 역시 당연히 어떤 미래의 이상이라는 미명 하에 생각을 달리하는 사람을 마구잡이로 고문하거나 살해할 동등한 권한을 지닐 수 있게 될 것이다. 나아가 그보다 더 명확한 것은 다음의 사항이다. 설령 폭력 행위가 모든 종교적 · 윤리적 토대에 바탕을 두고 있다 하더라도, 만에 하나 사랑의 법칙에 위배되는 경우라면, 그것은 전체적으로 가치 내지 선행을 위한 작용을 모조리 파괴시키게 될 것이다. 이는 명약관화한 것이다. 그렇기에 우리는 이를 무리하게 증명해야 한다는 것 자체에 대해 부끄러움을 느낄 정도이다. 그럼에도 불구하고 기독교인들과 도덕법칙을 최상으로 인정하는 무신론자들은 폭력을 죄악시하는 사랑의 법칙을 기이한 것으로 생각한다. 그렇기에 무조건적 비폭력주의는 마치 공상적이고 무척 낯선 무엇처럼 들린다.

지배자들의 주장에 의하면 질서란 폭력을 사용하지 않으면 결코 유지될 수 없다고 한다. 이는 어쩌면 당연하게 들릴지 모른다. 왜냐하면 사람들은 "질서"라는 개념을 지배 체제를 보존하는 것으로 이해하고 있으며, 이로써 소수의 계급은 얼마든지 임의로 다수의 노동을 통해서 이득을 취할 수 있기 때문이다. 지배자들이 그렇게 주장하는 것은 그들의 측면에서 고찰할 때 당연하다. 왜냐하면 권력자들이 폭력을 포기하게 되면, 이는 자신의 기득권을 옹호할 수 있는 수단의 상실을 의미하기 때문이다. 여기서 우리는 지배자들이 오래 전부터 원용한 불법을 명확하게 인식할 수 있다.

그렇지만 수많은 노동자들은 이제 이러한 폭력의 법칙에 동조할 수 없다. 그들은 특히 자신의 의사와는 반대로 폭력을 행해야 하고, 이로 인하여 끔찍한 고통을 느끼지 않는가? 억압당하며 살아가는 사람들의 실제 상태는 어느 무엇과도 비교될 수 없다. 이것은 결코 힘센 자들이 무력한 사람들에게 어쩔 수 없이 행해야 하거나, 혹은 (아주 드문 경우지만) 다수가 아주 작은 그룹에게 행해야 하는 그러한 강제적 필연성 등과는 다르다. 왜냐하면 그것은, 진실로 말하건대, 소수의 사람들에게 문제가 있기 때문이다. 가령 고위층의 몇몇 사람들은 오래 전부터 교활한 사람들이 만들어 놓은 거짓말을 사용하여 다수의 일반 사람들을 정치적으로 농락하고 있다. 어리석은 그들은 작은 이득을 차지하기 위하여 이러한 거짓말을 마구잡이로 퍼뜨린다. 이로 인하여 그들이 포기해야 하는 것은 바로 자유이다. 끔찍한 괴로움을 당하는 일반 사람에게도 이러한 자유가 주어질 리 만무하다.

권력자들의 상기한 거짓말의 근원을 파헤친 사람은 지금으로부터 4세기 전에 살았던 에티엔 드 라 보에시였다. 그는 「자발적 복종」이라는 논문에서 그것을 분명하게 지적하고 있다. 어쩌면 사람들은 다음과 같이 생각할지 모른다. 즉, 노동자들은 마구잡이로 행해지는 강제적 폭력을 통해서 어떠한 이득을 얻지 못하고 있다. 따라서 노동자들은 그들을 둘러싼 거짓과 기만에 관한 모든 것을 백일하에 드러내면서, 더 이상 폭력에 동참하지 말아야 한다. 지금까지 폭력을 휘두른 권력자들은 대부분의 경우 노동자들의 도움으로 자신의 권한을 유지하지 않았던가?

러시아와 다른 나라에 살고 있는 시골 노동자들은 다수를 형성하고 있는데, 수천 년 이래로 스스로 저지른 실수 때문에 어떠한 이득도 얻지 못한 채 뼈저리게 고통 받고 있다. 대부분의 땅은 일하지 않는 사람들의 소유이며, 시골 노동자들은 소작인에 불과하다. 땅 소유주들은 가령 감독관, 경찰, 군인들이다. 모든 세금은 재정을 담당하는 관리에 의해서 징수되고 있다. 만약 노동자들이 이 모든 것을 알게 된다면, 그들의 상관에게 마침내 다음과 같이 외치게 될 것이다.[2]

"제발 우리를 평화롭게 내버려 두라. 황제여, 장관들이여, 장성들이여, 재판관들이여, 주교들이여, 교수들이여 그리고 다른 모든, 많이 배운 사람들이여. 너희가 필요한 것들은 진정으로 군대인가, 함대인가, 대학인가, 발레단인가, 아니면 종교 단체인가, 음악원인가? 그게 아니라면, 감옥, 형장, 아니면 단두대란 말인가? 제발 불쌍한 사람들을 괴롭히지 말고, 그러한 것들을 너희 스스로 만들어 보아라. 세금일랑 너희 스스로 납부하고, 너희가 감옥에 들어가라. 그리하여 너희들 스스로 처형당하고 박멸당해라. 전쟁에서 총과 칼을 사용하여 서로를 마구 살육하여라. 대신에 제발 우리를 평화롭게 내버려 두라. 왜냐하면 우리는 그러한 일들을 필요로 하지 않기 때문이다. 따라서 우리는 우리에게 전혀 도움이 되지 않는 그따위 사악한 짓거리에 전혀 동참하고 싶지 않다."

---

2. 톨스토이는 말년에 철학 서적을 집필하면서, 러시아의 단순 노동자들의 더 나은 삶을 위하여 백방으로 노력하였다. 그는 이들을 억압하는 모든 체제에 대해 증오하고 저주를 퍼부었으나, 정작 노동자들의 무력 행위에 동참하지는 않았다. 무력에 대해 무력으로 답하는 것은 그 자체 그리스도의 사랑의 원칙에 위배된다는 것이었다.

사실 노동자로서 그렇게 말하는 것은 지극히 자연스러운 일일 것이다. 그러나 노동자들은 대다수가 스스로를 고문하면서 지배층을 위해서 봉사하며 살아간다. 경찰서, 세관, 그리고 군부대 등을 생각해 보라. 소수 노동자들만이 스스로 억압으로부터 해방되려고 무언가를 시도한다. 혁명이 바로 그 무엇이다. 그리하여 그들을 억압하는 자들에게 폭력으로써 자신을 방어하려고 한다. 달리 말하면, 분노하는 노동자들은 화염으로써 모든 불을 끄려고 한다. 그렇기 때문에 그들은 지금까지 괴로움을 당하며 살아오게 한 폭력을 억압자에게 되돌려주려고 한다. 이로써 더 많은 끔찍한 일들이 다시 파생된다.

어째서 두 부류의 사람들은 그렇게 비이성적으로 행동하는가? 지금까지 거짓과 기만이 너무 오랫동안 횡행하였다. 따라서 노예처럼 살아가는 노동자들과 폭력을 행사하는 노동자들은 그들 사이에 존재하는 연대감을 더 이상 인지하지 못하고 있다.[3] 왜 그들은 이러한 연대감을 인지하지 못하고 있는가? 그것은 사람들이 신앙심을 상실했기 때문이다. 자고로 신앙심 없는 인간들은 이해관계에 이끌린다. 실제로 이해관계에 이끌리는 사람들 모두는 누군가를 속이거나, 그게 아니라면 기만당할 뿐이다.

---

3. 실제로 19세기 말 러시아의 일부 시골 노동자들은 억압과 착취에 분노하여 상류 계급에 무력으로 항의하곤 하였다. 그렇지만 대다수의 노동자들은 이에 가담할 수 없었다. 왜냐하면 폭동을 일으키면, 자신의 가족들의 생계가 막막하다고 생각했기 때문이었다. 이로 인하여 노동자들은 두 그룹으로 나뉘었고, 서로 적대시하게 된다. 이를 조장한 세력들은 두말할 나위 없이 차르의 측근들이었다.

따라서 우리는 놀라운 사실과 직면하게 된다. 거의 대부분을 차지하는 노동자들, 즉 대중들은 차제에도 폭력에 굴복하고 모든 것을 감내하며 살아갈 뿐 아니라, 모든 건전한 상식에 대해서 적대적 태도를 취한다. 그들은 분명한 관심사가 주어져 있다는 것을 뻔히 알고 있다. 주위에서는 그들을 괴롭히는 게 불법이라는 사실이 백일하에 밝혀진다. 또한 주위의 혁명가들은 폭력을 종식시키려면 폭력을 사용할 수밖에 없다고 피력한다. 그럼에도 불구하고 대부분의 시골 노동자들은 사태의 핵심을 간파하지 못하고, 폭력을 획책하는 일부 노동자들을 비난하는 데 혈안이 되어 있다.

대부분의 노동자들은 한편으로는 지금까지의 관습대로 교회 당국에 의해서 전파된, 잘못된 기독교 교리에 그저 순응하며 살아간다. 그러나 그들은 다른 한편으로는 모든 종교를 부정하고, 내심 오래 전부터 은근히 이어져 온 법칙, "눈에는 눈으로, 이에는 이로"라는 보복의 슬로건만을 굳건하게 믿고 있다. 다시 말해, 일부 사람들은 혐오스럽기 이를 데 없는 지배 체제에 굴복하는 반면에, 일부 사람들은 온갖 폭력을 동원하여 지배 체제를 허물어뜨리기를 애타게 원하고 있다.

전자의 노동자들은 자신의 여건을 변화시킬 능력을 지니고 있지 않다. 왜냐하면 그들은 현재 주어진 사회 질서의 필연성을 굳게 믿고 있으며, 위로부터 내려오는 폭력을 수동적으로 감내하고 있기 때문이다. 후자의 노동자들은 종교 대신에 어떤 정치적 세계관을 견지하고 있지만, 이들 역시 폭력으로부터 해방될 수 없다. 왜냐하면 그들은 다른 폭력을 동원하여 구질서의 폭

력을 근절하려고 시도하기 때문이다.[4]

---

4. 이로써 톨스토이는 압제에 대한 노동자들의 수동적 용인을 맹렬히 비판했을 뿐 아니라, 나아가 혁명하려는 노동자들의 무력 행위에 대해서도 반대했다. 즉, 그는 불법에 저항하지만 아무런 대책도 마련하지 않는 소시민적 태도에 침잠해 있었다. 톨스토이가 "기독교 소시민"이라는 비난을 듣게 된 것은 결코 우연이 아니다.

자료 5
구스타프 란다우어: 『혁명』

현대에 이르러 에티엔 드 라 보에시의 「자발적 복종」을 활발하게 수용한 사람은 독일의 무정부주의자, 구스타프 란다우어였다. 란다우어는 1907년 프랑크푸르트 암 마인에서 간행한 자신의 책 『혁명(Die Revolution)』에서 다음과 같이 주장하고 있다. 즉, 라 보에시는 현대 사회의 제반 혁명적 움직임에 지대한 영향을 끼쳤다고 말이다. 이러한 영향은 단순히 마르크스주의의 발전 과정뿐 아니라, 유럽 아나키즘의 역사 전개에도 분명하게 드러나고 있다.[1]

에티엔 드 라 보에시는 가톨릭교회에 속하는 사람이었지만, 마치 볼테르가 그러했듯이, 신에 대해 내밀하지만 자유로운 입장을 취하고 있었습니다. 그는 18세기가 자연과 이성이라고 명명한 바 있는 사회적 토대 위에 머물러 있었습니다. 당시의 학

---

1. 이하의 글은 다음의 문헌에 실려 있다. Gustav Landauers Übersetzung "Von der Freiwilligen Knechtschaft, eine Abhandlung von Etienne de La Boétie" erscheint in seiner Zeitschrift *Der Sozialist* 2 Jg., Berlin 1910, Nr. 17, S. 130-134; Nr. 18, S. 138-140; Nr. 19, S. 146-148; Nr. 21, S. 162-164; Nr. 22, S. 170-171; und 3. Jg, 1911, Nr. 1, S. 2-4.

자들은 자연과 이성을 "아무런 편견 없이 주어진 사물과 논리를 포착하는 일"이라고 이해한 바 있습니다. 이는 나아가 독립심과 용기 등으로 달리 표현될 수 있을 것입니다. 라 보에시는 당시의 시대가 깊이 포착하지 못한, 어떤 본질적인 문제 속으로 뛰어든 셈입니다. 당시에는 어느 누구도 지배의 구조 자체를 깊이 의식하지 못했던 것입니다.

라 보에시는 다음과 같이 묻습니다. '수많은 사람들로 구성된 전 인민이 오로지 한 명의 독재자에 의해서 고통당하고, 핍박당하며, 미움당하면서 자신과의 의도와는 전혀 반대로 이리저리 이끌리며 고통당하는 일은 과연 어디서 비롯되는 것인가? 한 사람의 독재자는 헤라클레스나 삼손 같은 힘센 영웅이 아니라 보잘것없는 작은 인간이며, 때로는 전 국가에서 가장 비겁하거나 가장 나약한 인간이 아닌가? 만약 우리가 자연을 따른다면, 우리는 모두 부모에게 복종하고, 이성에 예속될 수는 있을 것이다. 그렇지만 자연은 어느 누구도 노예로 살게 하지는 않았다. 이성이 천부적인 것인가, 그렇지 않은가 하는 문제는 학자들이 고민해야 할 질문이다. 그렇지만 확실한 것은 다음의 사실이다. 즉, 자연은 신의 뜻을 따르면서 인간을 조종하며, 항상 이성적이다. 또한 자연은 우리 모두를 동일한 형상에 따라 만들었다. 그렇기에 우리는 모두 동지이며, 형제자매와 같다. 자연은 강하고 영리한 사람들이 마치 강도처럼 그렇지 않은 다른 사람들을 어두운 숲 속에서 급습하도록 하라고 그들을 창조하지는 않았다. 오히려 자연은 동지애가 모든 사람들에게 자리하도록 만인을 창조하였던 것이다. 강하고 영리한 자가 다른 사람들에

게 도움을 주고, 어려움에 처한 다른 사람은 이러한 도움을 받도록 조처했던 것이다.'

'독재자의 권력은 어디에서 비롯하는가? 그것은 흔히 대할 수 있는 권력자의 외부적 강요에서 비롯하는 것은 아니다. 이는 다음과 같은 예로써 설명할 수 있다. 동등한 세력을 지닌 두 군대가 서로 적대적으로 대치하고 있다. 한 군대는 권력을 차지하려는 욕구로 가득 차 있으며, 다른 한 군대는 자유를 수호하려고 한다. 두 군대 가운데 끝내 승리를 구가하는 군대는 있는 힘을 다하여 그들의 자유를 수호하려는 쪽이다. 그래, 독재자의 힘과 권력은 궁극적으로 인민의 자발적인 예속성에서 비롯한다.'

라 보에시는 다음과 같이 질문합니다. '만약 너희가 독재자에게 눈을 빌려주지 않는다면, 어디서 그가 너희를 감시할 수많은 눈을 얻게 된단 말인가? 만약 독재자가 너희에게서 수많은 손들을 얻지 못한다면, 그가 과연 어디서 그것들을 빌려 너희들에게 마구 몽둥이질을 할 수 있겠는가? 너희에게서 빌리지 않는다면, 독재자가 어디서 너희를 지배할 권력을 지닐 수 있겠는가? 너희에게서 도움 받지 않는다면, 독재자가 어떻게 너희를 박해할 수 있겠는가? 너희가 도둑놈을 은닉시켜 주지 않는다면, 어떻게 그놈이 마음대로 도둑질을 일삼을 수 있겠는가? 너희가 강도이자 살인자를 돕지 않는다면, 어떻게 독재자가 너희의 재물을 강탈하고, 너희를 살해할 수 있겠는가?'

이러한 놀라운 일들은 어떻게 가능하며, 어째서 실제 현실에서 발생하고 있는가요? 자유에 대한 열망은 처음부터 자연적으로 주어진 것입니다. 만일 동물이 어떤 품위의 등급을 알고 있다면, 그것은 (마치 사람들이 귀족에 대해 그렇게 굽실거리는 것처럼) 무엇보다도 자유를 숭상하게 될 것입니다. 이는 어떻게 해명할 수 있을까요? 인간은 언젠가 외부의 습격에 의해서, 혹은 어떤 기막힌 술수에 의해서 자유를 상실하게 됩니다. 오랜 시간이 흘러, 자유가 무엇인지 전혀 알지 못하는 사람들이 태어납니다. 실제로 새로 태어난 사람들은 자유가 무엇인지, 자유롭게 사는 게 얼마나 달콤한지 전혀 모르고 있습니다. 노예로 살아가라고 우리를 가르친 것은 다름 아닌 교육과 습관입니다. 왜냐하면 자연은 우리의 마음속에다 힘 대신 습관을 불어넣어 주었기 때문입니다.

라 보에시는 다음과 같이 설파합니다. '자연적인 것은 어쩌면 매우 선한 무엇인지 모른다. 그렇기에 보존되지 않으면, 원래의 선한 특성은 저절로 사라지고 만다. 인간 역시 마찬가지이다. 제대로 영양 공급되지 않은 싹이 죽어 버리듯이, 인간 역시 선과 같은 영양을 공급받지 못한다면, 결코 자유인으로 성장하지 못할 것이다. 과일 나무에 낯선 가지를 접붙이면 낯선 열매가 맺힌다. 이처럼 인간 역시 잘못된 교육과 습관에 의해서 부자유를 정상이라고 믿으며 살아간다. 그렇게 되면 인민이 알고 있는 것이라고는 신하처럼 살아가는 방식뿐이다. 자유를 알지 못하는 어리석은 사람들은 억압 체제란 항상 존재해 왔다고 항변하곤 한다. 오랜 시간 그렇게 살아왔기 때문에 자신을 억압하는 독재자의 재산 축적을 위해 노예처럼 봉사하며 살아가는 것이다. 그렇지만 그들은 세월이 결코 나쁜 짓을 저지를 권리를 주지 않고, 오히려 불법을 강화시킨다는 사실을 잘 알고 있다.'

[이와 비슷하게 표현한 사람은 분명히 랑귀에(Languet)였는데, 그 역시 라 보에시의 텍스트의 내용을 잘 알고 있었습니다.]

물론 세상에는 태어날 때부터 수많은 대중들보다 더 훌륭한 사람들이 존재합니다. 이들은 스스로 좋은 두뇌를 지니고 있는 데, 교육과 자발적인 지식 습득을 통해서 지적 능력을 향상시킨 사람들입니다. 세상에 자유가 완전히 사라졌다 하더라도, 이들 소수는 자유를 상상 속에서 유추할 수 있습니다. 그러나 그들은 그것을 완전히 알지는 못합니다. 권력자들은 그들에게서 말과 행동의 자유를 빼앗았습니다. 그렇기에 그들은 그저 정신세계 속에 고독하게 침잠해 있을 뿐입니다.

나아가 권력에 복종하는 상태가 지속되는 다른 이유가 존재합니다. 그것은 사람들에게서 올곧은 심성을 빼앗고 사람들을 유약하게 만드는 방법을 가리킵니다. 권력자들은 항상 자신이 할 수 있는 모든 힘을 동원하여, 음란함, 시시덕거리는 농담, 도박 그리고 무위도식 등을 지지합니다. 그리하여 그들은 인민들에게서 남성다운 기개를 빼앗으려고 애씁니다.

마지막으로 왕권은 종교를 자신에게 유리하게 이용하기 위하여 사제들과 모종의 결탁을 맺습니다.[2] 왕권은 항상 놀랍고 신비로운 기적 주위에 둘러싸여 있습니다. 왕은 신의 성스러운 광명 속에서 찬란한 빛을 드러냅니다. 그렇지만 이보다도 더 놀라운 사실을 지적하지 않을 수 없습니다. 즉, 왕과 인민 사이에

---

2. 여기서 우리는 다음과 같은 사실을 추론해 낼 수 있다. 지금까지 동서고금의 역사는 세속적 권력과 신적 권력의 결탁 관계를 보여 주었다. 이를 고려할 때 진정한 종교는 대체로 기존 체제에 대한 비판에 기여하는 무엇이다.

는 이른바 두 그룹의 부를 향상시키도록 해 준다는 어떤 분명한 위계질서가 존재합니다. 이러한 위계질서는 모든 사람들에게 자유로 인한 기쁨과 거의 동일한 만큼의 이득을 가져다준다고 합니다. 여기서는 권력에 아부하는 자의 황홀한 심리 상태가 그대로 드러납니다. 라 보에시는 다음과 같이 말합니다. 즉, 왕은 항상 아부하는 사람들 사이에 둘러싸여 있기 때문에 불쌍하기 이를 데 없습니다. 물론 우리는 이러한 자들에 대해 동정심을 가져야 할 것입니다. 신과 인간으로부터 버림받은 이러한 족속들은 그런 식으로 이용당하기를 자청하기 때문입니다. 농부와 수공업자들 역시 노예로 살아가고 있지만, 이들은 그저 누군가의 명령에 따라서 행동하기만 하면 됩니다. 그러나 신하의 경우에는 그런 일만으로 끝나지 않습니다.

"신하들은 스스로 원치 않는 일을 행해야 할 뿐 아니라, 폭군이 무엇을 원하는가를 곰곰이 생각해야 한다. 그들은 폭군을 만족시키기 위해서 폭군의 마음보다 앞서 모든 것을 간파해야 한다. 그에게 복종하는 것만으로는 충분하지 않다. 신하들은 폭군의 마음에 들도록 항상 노력해야 한다. 때로는 자신을 학대하고, 때로는 모든 시중을 감수하며 죽음까지 무릅써야 한다. 폭군의 유흥을 준비하는 일은 신하의 몫이다. 즉, 신하들은 향락적인 연회를 개최하여 폭군을 만족시키고 황홀하게 해야 한다. 어쩌면 이러한 유흥은 그들의 고유한 기질을 억압하고 천부적인 재능을 거부하고 방해하는 것이다. 신하들은 항상 통솔자의 말을 넋을 잃고 들어야 하며, 그의 눈짓에 따를 눈을 가지고 있어서 언제나 그를 살펴보아야 한다. 손과 발로써, 눈과 귀로써 그의 속마음을 알아차리기 위해서 항상 대기하고 있어야 한다.

그렇게 사는 인간이 과연 행복할 수 있을까? 요컨대 인간이 그렇게 살 수 있단 말인가? 과연 신하의 삶을 삶이라고 부를 수 있는가? 나는 지금 용기 있는 사람이나 고귀한 성품을 지닌 사람들이 아니라, 평범한 얼굴을 지니고, 정상적인 사고력을 지닌 어떤 사람들에 관해서 논하고 있다. 그와 같은 비참한 삶을 영위해도 괜찮단 말인가? 평범한 사람들은 오로지 자신만을 소유할 뿐이다. 그럼에도 그들은 독재자 한 사람에게 자신의 자유, 육체 그리고 삶을 떠맡기고 있다."

몇몇 신하의 알랑거림으로 인하여 군주 역시 불편함을 느낍니다. 그는 누구를 사랑할 수도 누구로부터 사랑받을 수도 없습니다. 사랑과 우정은 오로지 선한 사람들 사이에만 존재합니다. '끔찍함이 있는 곳, 부정함이 판치는 곳, 불법이 존재하는 곳에 어떠한 우정도 존재할 수 없다.' "잔인한 행동이 광란하는 곳에, 불신이 팽배한 곳에, 그리고 부정이 널리 퍼져 있는 곳에 우정은 절대로 존속되지 않는다. 죄악이 창궐할 때 친구 사이에는 배반이 발생한다. 이 경우 우정은 없고, 공범자만 있을 뿐이다. 이 경우 사랑은 없고, 오로지 공포감만이 존재한다."[3] 이러한 끔찍한 예속성은 모든 인민을 지배하고 있습니다. 이러한 불행에 대항해서 사람들은 어떻게 행동해야 하는가 하고 라 보에시는 묻습니다. 불행은 단 한 명의 왕, 간신들 그리고 국가의 종

---

3. 란다우어는 라 보에시의 「자발적 복종」의 "외로운 전제군주" 장의 프랑스어 문장을 직접 인용하고 있다.

들뿐 아니라, 사상가들 그리고 모든 인민들에게 해당되는 게 아닌가요?

여기서 독자 스스로 어떤 대답을 찾아 내도록, 논의를 잠시 멈추고자 합니다. 지금까지 우리는 군주 체제에 관해서 언급했는데, 이는 법학자와 정치가들에 의해서, 장 보댕, 호로티위스(Grotius), 알투시우스(Althusius), 존 로크(John Locke), 흄(Hume) 등과 같은 학자들에 의해서 끊임없이 개진된 것들입니다.[4] 또한 군주제에 대한 통렬한 비판적 발언은 그 밖의 여러 혁명 운동을 고찰할 때 접하게 되며, 오늘날 여러 나라에서 하나의 근본적 처방으로 열광적으로 활용되고 있습니다.

라 보에시는 상기한 사람들과는 다른 견해를 피력합니다. 가령 그는 다음과 같이 말합니다. 필요한 것은 오로지 자유에 대한 갈망과 의지입니다. 문제는 자발적 복종입니다. 사람들은 자유라는 정말로 아름다운 보물 창고를 신랄하게 비난하는 것 같다고 라 보에시는 말합니다. 사람들은 정말로 자유가 너무나 가벼운 것이라고 생각합니다. "독재자에게 복종하지 않을 것을 결심하라. 너희들은 자유롭게 될 것이다! 그를 창으로 찌를 필요도 없고, 뒤엎을 필요도 없다. 다만 그를 지지하지 않으면 족하다. 그러면 너희는 조만간 목격하게 될 것이다. 토대가 사라지면, 독재자는 마치 제 무게에 못 이겨 저절로 붕괴되어 산산조각 나는 거대한 입상(立像)처럼 무너지고 말리라는 것을."[5]

---

4. 호로티위스와 알투시우스에 관해서는 다음의 책을 참고하라. 에른스트 블로흐: 『희망의 원리』, 5권, 열린책들, 2004, 1086-1098쪽
5. 인용문은 라 보에시의 「자발적 복종」의 제2장 "단 하나로서의 자유"에서 인

타오르는 불을 끄려면, 거기다 물을 끼얹으면 족합니다. 우리는 공명심을 지닌 사람들의 모반에 대해 조심해야 합니다. 그들은 폭군을 추방하거나 살해하지만, 내심 궁극적으로 독재정치를 보존하고 존속시키려고 합니다. 그들은 자유라는 성스러운 이름을 남용하는 자들입니다. 물론 순수한 영웅들도 드물게 활약했습니다. 하르모디오스(Harmodios), 아리스토게이톤(Aristogeiton), 트라시불로스, 나이 많은 브루투스 등은 조국을 해방시키고 동족에게 자유를 안겨 주었습니다. 브루투스와 카시우스는 독재자 카이사르를 살해했습니다. 물론 카이사르는 비열하고 잔악하지는 않았고, 오히려 인간적이고 온화한 인물이었습니다. 그렇지만 그는 사람들에게서 법과 자유를 강탈하였고, 다만 일시적으로 자유를 허용했습니다. 자유는 다시금 브루투스와 카시우스와 함께 파묻히고 말았습니다.[6]

분명히 말해서 폭정은 그 자체 타오르는 불입니다. 우리는 불을 끌 수도 없으며, 그럴 필요도 없습니다. 왜냐하면 독재정치는 외부의 사악함이 아니라, 인간의 내면에 도사리고 있는 어떤 부족 내지 결핍 때문에 출현한 것입니다. 사람들은 활활 타오르는 불에 물을 끼얹을 필요는 없습니다. 계속 불타게 할 수 있는 것들을 치우는 일로 충분합니다.

라 보에시는 다음과 같이 주장합니다. '폭군에 대항하여 힘들

용된 것이다.
6. 여기서 란다우어가 말하고자 한 것은 다음과 같다. 브루투스와 카시우스는 독재자를 처단하는 데 성공을 거두었지만, 독재 체제 자체를 완전히 사멸시키지는 못했다.

여 싸울 필요는 전혀 없다. 그의 폭력에 애써 방어할 필요도 없다. 궁극적으로 폭군은 스스로 자신을 내리치게 될 것이다. 이를 위하여 인민은 다만 노예근성에 물들지 않으면 된다. 폭군에게서 아무것도 빼앗을 필요가 없다. 오로지 인민은 그에게 권력을 바치지 않으면 족하다. 인민은 자신을 위한 일로써 스스로 고통을 느낄 필요는 없다. 인민은 자신에게 해가 되는 일에 대해서만 매우 고통스러워해야 할 것이다. 사람들이 독재자에게 더 이상 아무것도 주지 않고, 더 이상 그에게 복종하지 않는다면, 어떠한 투쟁이나 타격 없이도 독재자는 모든 권력의 치장을 벗은 채 알몸으로 나약하게 서 있게 될 것이다. 그렇게 된다면 그는 더 이상 막강한 존재일 수 없을 것이다. 폭군은 더 이상 물기와 영양을 발견하지 못하는 나무뿌리처럼 메말라서, 결국 죽어 버린 목재 한 토막으로 변하게 될 것이다.'

라 보에시의 문헌은 독일에서는 거의 알려지지 않았습니다. 이에 비하면 프랑스에서는 라므네 이후로 사람들에게 널리 퍼진 바 있습니다. 라 보에시 문헌의 이 내용은 나중에 다시금 독일 방방곡곡에 알려지게 되었습니다. 왜냐하면 혁명의 사회심리학과 이로 인한 결과 등을 고려할 때 라 보에시의 선견지명은 먼 훗날의 관찰자보다도 더 훌륭하게 모든 것을 분명히 시사해 주기 때문입니다. 그렇지만 이후에 활동한 수많은 유명한 혁명가들이 라 보에시를 거론한 적은 별로 없습니다. 비록 그들은 활활 타오르는 혁명의 불꽃을 높이 치켜들고 혁명운동에 열광했지만, 그들의 사상과 기개에 있어서는 라 보에시의 그것에 미치지 못했습니다. 그게 아니라면 혁명가들은 이미 오래 전에 라 보에시가 말했던 내용을 그저 반복했습니다. 어째서 그런가요? 혁명의 투쟁은 무엇보다도 독재자나 여러 왕들의 폭정에 대항하는 운동으로 확장되었기 때문입니다. 심지어 라 보에시의 문헌은 독재자 한 사람보다도 전체주의적 체제, 다시 말해서 혁명의 과정에서 반드시 극복해야 하는 절대적인 국가 체제가 개개인의 자유를 억압하는 시대에도 여전히 효용 가치를 지니고 있습니다. 만약 어느 혁명가로부터 그의 주도적인 사고와 입장을 알고자 하는 사람이 있다면, 그는 라 보에시의 글 가운데 몇 개의 단어만 고치면 충분할 것입니다.

　마지막으로, 나는 다음과 같이 말하고 싶습니다. 지금까지의 혁명운동들은 현실에서 실제로 드러난 혁명의 세밀한 그림들이었습니다. 그것들은 지금까지 그렇게 요약되었고, 앞으로도 그러한 혁명의 사본들을 낳을 것입니다. 이를 고려할 때 라 보에시의 문헌은 혁명의 모범이 되는 어떤 세밀화입니다. 그것은 혁명의 올바른 정신을 대변해 주고 있기 때문입니다. 다시 말해, 라 보에시의 문헌은 주어진 잘못을 정확하게 부정할 뿐 아니라, 앞으로 도래할 긍정적인 표현, 아직 아무도 발설하지 않은 예언적 표현 등을 암시해 줍니다. 라 보에시의 글은 나중에 고드윈, 슈티르너, 프루동, 바쿠닌, 톨스토이 등이 다른 언어로 말하게될 내용을 미리 전하고 있습니다. 다시 말해, 라 보에시는 여러분들과 같은 무정부주의자들의 사고 속에 자리하고 있습니다. 그의 사상은 여러분들의 바깥이 아니라 여러분들의 사고 속에 있는 하나의 범례입니다.

　인간은 지배에 의해서 결속되지 말고, 동지애에 의해서 함께 뭉쳐야 합니다. 지배를 떨쳐버리는 것, 그것이 아나키(Anarchie)입니다. 그렇지만 이러한 의식은 아직도 여전히 결핍 상태에 있으며, 초라하게 발전되고 있는 실정입니다. 여러분들은 결코 지배에 의해서 뭉쳐서는 안 될 것입니다. 우리는 인간을 분노하게 하는 부정적 단어인 "지배"를 완전히 파괴시킴으로써 에너지로 충만한 사랑을 가득 지녀야 할 것입니다. 바쿠닌의 멋진 표현을 사용한다면, 파괴의 쾌락은 창조의 쾌락으로 거듭나야 할 것입니다. 사람들은 모든 인간이 서로 형제라는 것을 잘 알고 있습니다. 그렇지만 모든 인간이 서로 형제자매로 살아가기 위해서는 이를 가로막는 제반 장애물 내지 폭력 등을 배격해야 합니다. 진실로 말하자면, 사람들이 형제자매일 수 있는 기간은 다만 그들이 제반 장애물과 폭력 들과 싸우는 동안입니다. 진정한 협동 정신은 오로지 혁명 동안에만 생동할 뿐입니다.

　정신은 오로지 혁명에 의해서 살아남을 수 있습니다. 혁명이 지나가면 그것은 더 이상 생명력을 지니지 못합니다. 그렇게 되면 사람들은 다음과 같이 갈망할 것입니다. 아, 혁명이 단 한 번만이라도 거대한 성공을 거두게 된다면, 더 이상 오래된 것이 아닌, 지금까지 투쟁을 통해서 성취한 것을 다시 이룩해 낼 수 있다면, 하는 희망 사항을 생각해 보십시오. 그러한 것들은 일반 사람들의 다음과 같은 한탄스러운 푸념일 뿐입니다. 만약 꿈을 견지하고, 의식하며, 그것을 오래 기억하면서 문학적으로 훌륭하게 형상화한다면, 나는 위대한 작가이리라 하는 변명을 생각해 보십시오. 실제 현실과 혁명의 상황을 고려한다면, 혁명은 병으로 비틀거리고 있는 두 개의 정태적 현실 사이에 도사린 어떤 건강의 열병이라 할 수 있습니다.[7] 만약 무기력해지는 결과를 전제로 하지 않는다면, 무기력함은 나타나지 않을 것입니다. 그렇다면 그것은 애당초 혁명이라고 명명될 수 없었을 테지요.

잘못 돌아가는 세상을 바로잡고 잘못된 방향으로 향하는 세계사의 바퀴를 멈추게 하기 위해서, 사람들은 완전히 다른 무엇, 혹은 혁명과는 약간 다른 무엇을 필요로 합니다. 우리는 앞으로 지배뿐 아니라 정신에 관해서 계속 토론해 나가야 합니다. 현재 우리는 정신을 주창하고 있지만, 지금까지 행한 일이라고는 별로 많지 않습니다. 우리는 자유의 정신으로 가득 차 있어야 할 것입니다. 다시 말해, 정신은 어떤 옷을 걸쳐야 하고, 어떤 형체를 지녀야 합니다. 그것은 다만 정신이라는 이름만으로 끝나서는 안 됩니다. 자고로 이름과 직업에 관한 물음만으로 우리는 누군가의 삶을 완전히 통찰할 수는 없을 것입니다.[8] 과도기를 거쳐 운동을 계속 추진하면서, 우리가 수미일관 견지해야 할 사항은 바로 그러한 기대감일 것입니다. 이러한 운동 다음에 과연 무엇이 도래할 것인가? 이에 대해 우리는 아무것도 알지 못합니다. 만약 우리에게 인간답게 살아갈 수 있는 삶이 주어져 있다면, 과연 우리는 어떠한 이념을 뇌리에 떠올릴까요?

---

7. 이는 참으로 아름다운 비유가 아닐 수 없다. 가령 노신 역시 혁명의 기간을 두 개의 비혁명 기간 사이에 도사린 일시적인 현상으로 설명한 바 있다. 노신에 의하면, 문학은 삶에 있어서 부수적인 작업이므로, 비혁명 기간에 행해지는 일감에 불과하다. 왜냐하면 혁명의 기간에 필요한 것은 펜이 아니라 행동이기 때문이다.

8. 이 문장은 슈티르너의 문장을 떠올리게 한다. "꽃이 아무 이름과 직업을 지니지 않은 채 그냥 피듯이, 나 역시 직업과 이름만으로써 세인에게 평가되고 싶지 않다."

참고문헌

Bonnefon, Paul: Une œuvre inconnue de La Boétie: Les Mémoires sur l'Édit de Janvier 1562, in: Revue d'Histoire littéraire de la France, XXIV, 1917.

Étienne de la Boétie: Œuvres complètes, Bordeaux 1991.

Florack, Josef: Untersuchungen zu den französischen Dichtungen und Übersetzungen Etienne de La Boéties, Diss., Köln 1972.

Günther, Horst: Etienne de La Boétie. Von der freiwilligen Knechtschaft, Frankfurt a. M. 1980.

Heydorn, Hans Joachim: Etienne de La Boétie. Über die freiwillige Knechtschaft des Menschen, Frankfurt a. M. 1968.

Kurz, Harry: Montaigne and La Boétie in the Chapter of Friendship, Publications of the Modern Language Association of America 65, 1950.

Landauer, Gustav: Die Revolution, Frankfurt 1907.

Ober, John David: The Political Theory and Practice of Etienne de La Boétie: An Historical and Biological Study of Freedom and Scepticism in the "Discours de la Servitude Volontaire" and The "Mémoire sur l'Édit de Janvier" 1562, Diss., Brandeis Univ. 1966.

Schmidt, Hans: Etienne de La Boéties "Discours de la Servitude
volontaire" (Le Contr'un) und seine Beziehungen zu den
staatspolitischen Schriften des 16. Jahrhunderts in Frankreich,
Diss., Marburg 1934.

올력의 책들

인문-사회과학 분야

문학 분야

겨울 강가에서 예언서를 태우다
박현수 지음

꿈속의 제바스치안
신철식 엮고 옮김

느와르
올리비에 포베르 지음 | 이현웅 옮김

마음에 핀 꽃
나카자토 후미오 지음 | 노선숙 옮김

망각의 시대에 명작 읽기: 동독 문학 연구 3
박설호 지음

문학과 비평: 다른 눈으로
이기언 지음

생도 퇴를레스의 혼란
로베르트 무질 지음 | 박종대 옮김

서정성과 정치적 상상력
박현수 지음

시론
박현수 지음

시 창작을 위한 레시피 2014 우수 콘텐츠 선정 도서
박현수 지음

어느 인질에게 보내는 편지
생텍쥐페리 지음 | 이현웅 옮김

작은 것이 위대하다: 독일 현대시 읽기
박설호 엮고 지음

절망에서 살아남기
피터 셀윈 지음 | 한명희 옮김

지성인 알베르 카뮈: 진실과 정의를 위한 투쟁
이기언 지음

카산드라의 낙인
칭기스 아이뜨마또프 지음 | 손명곤 옮김

현대시와 오이디푸스 콤플렉스
한명희 지음